This Book Belongs To :

____

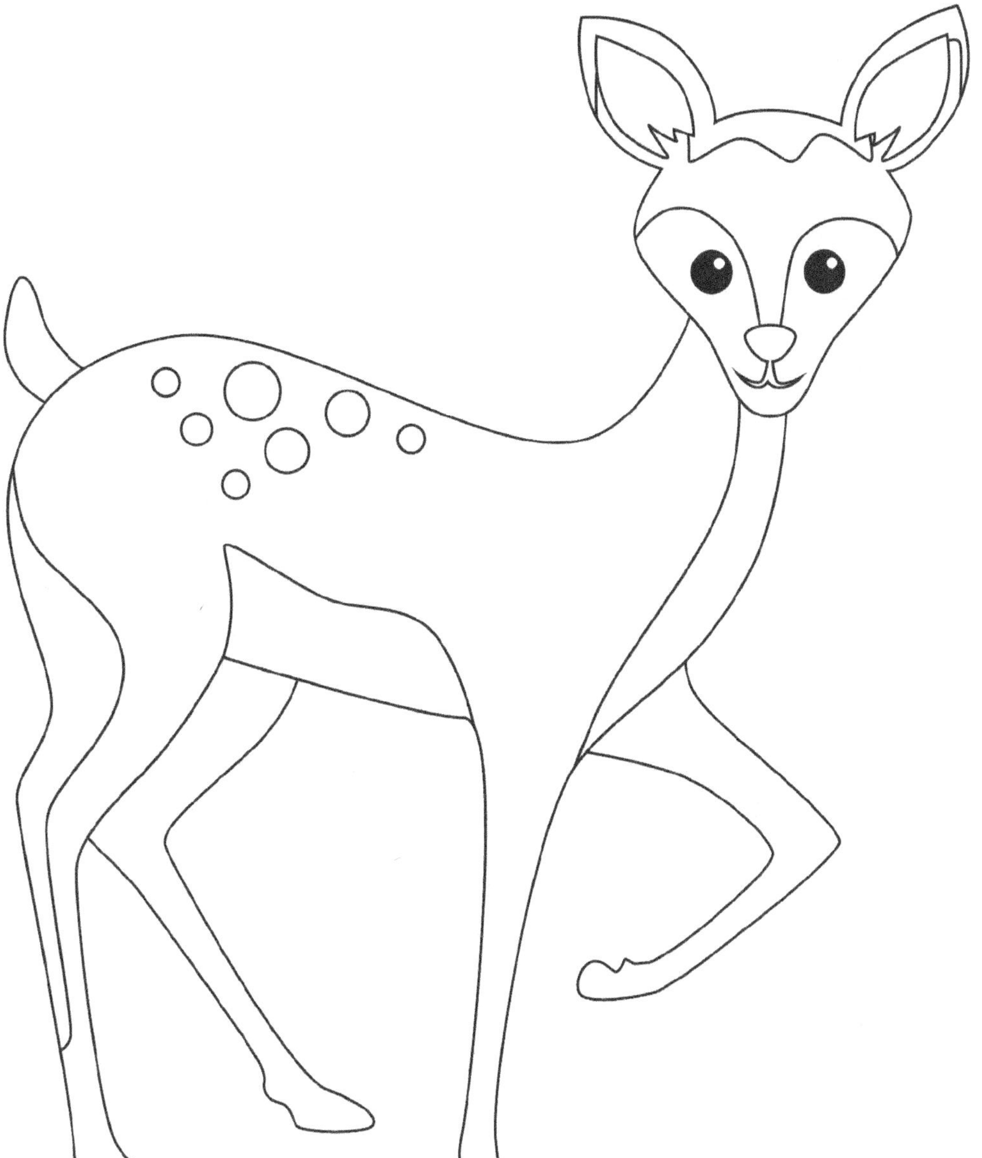

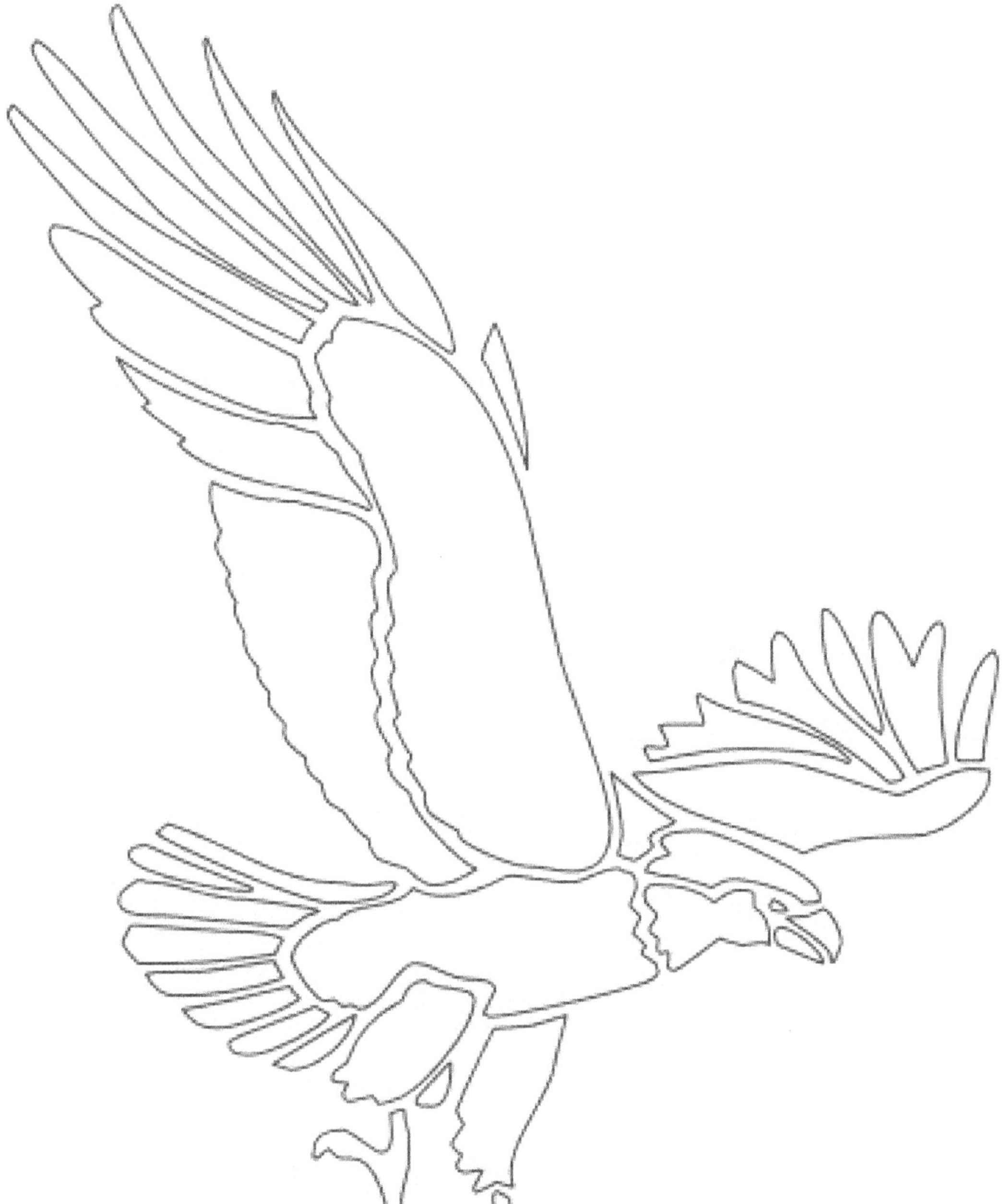

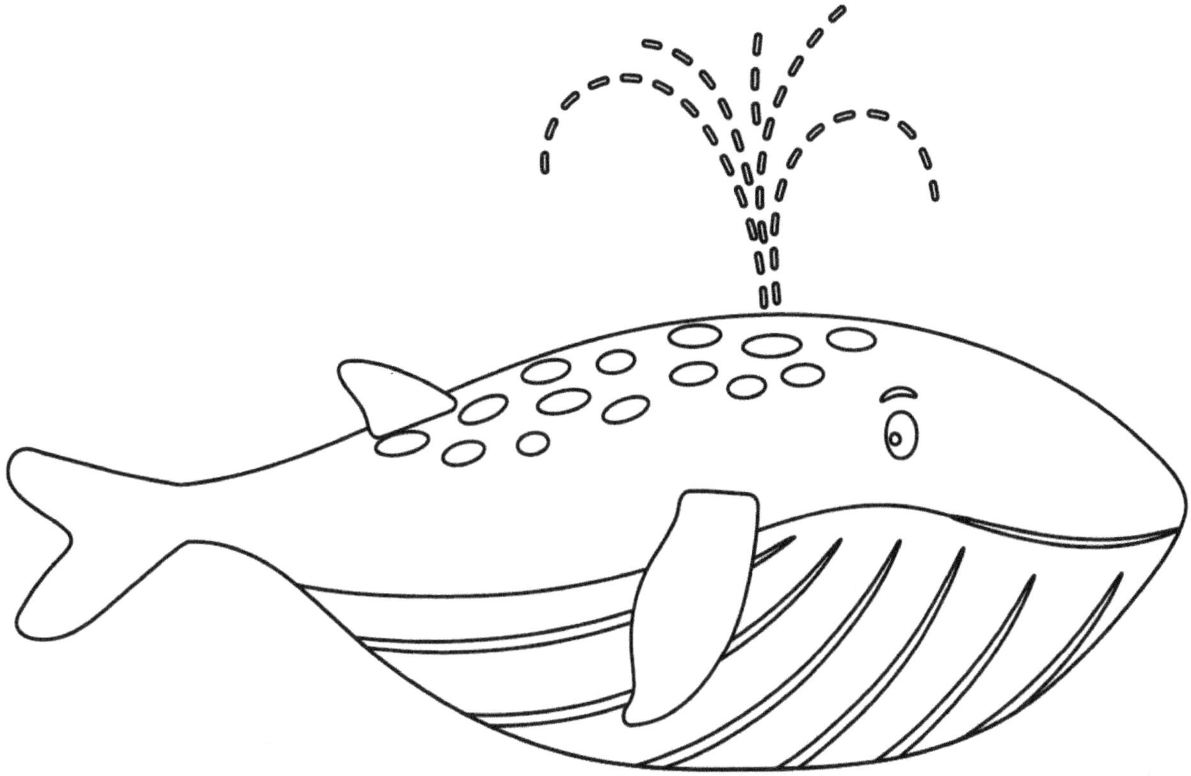

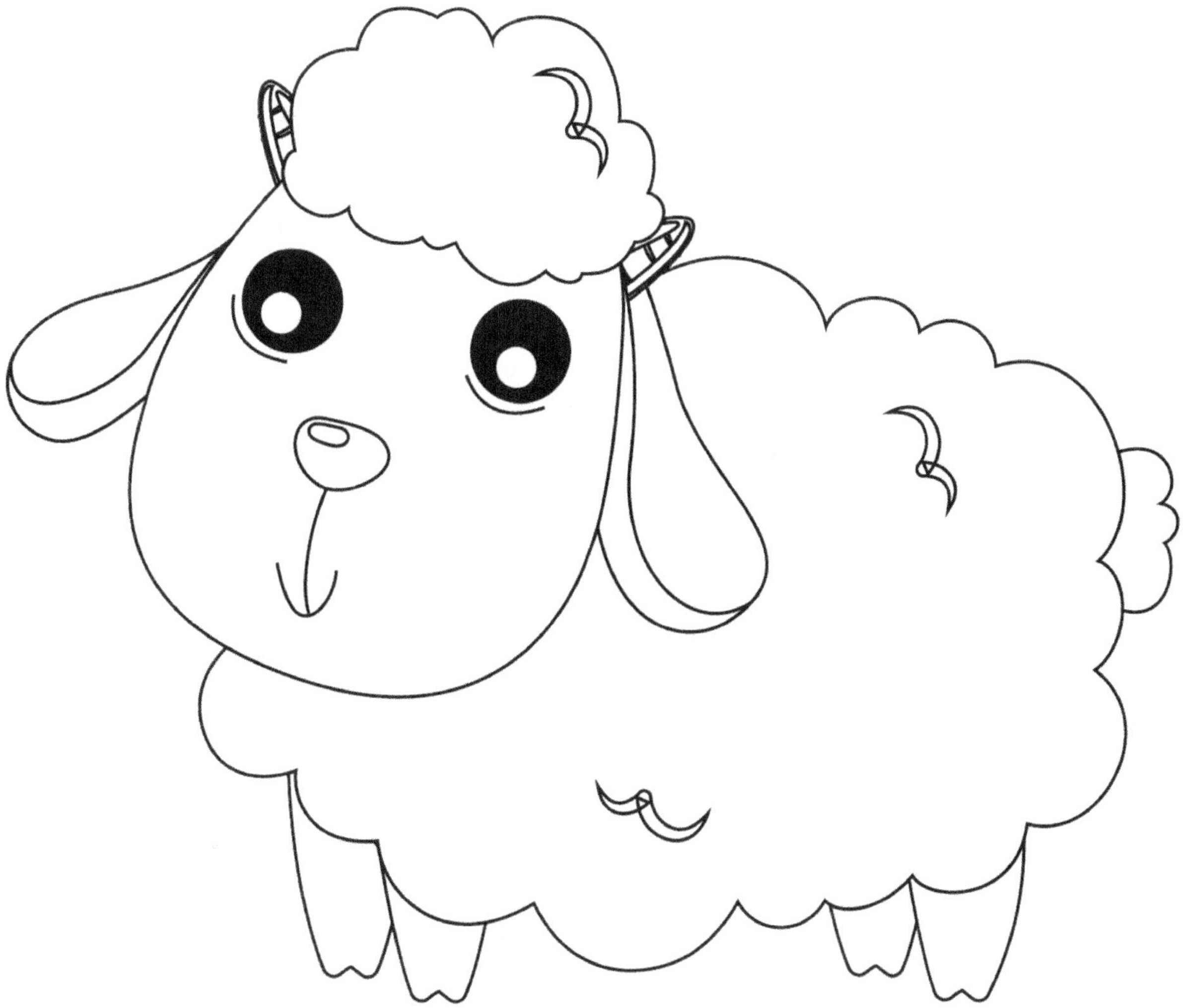

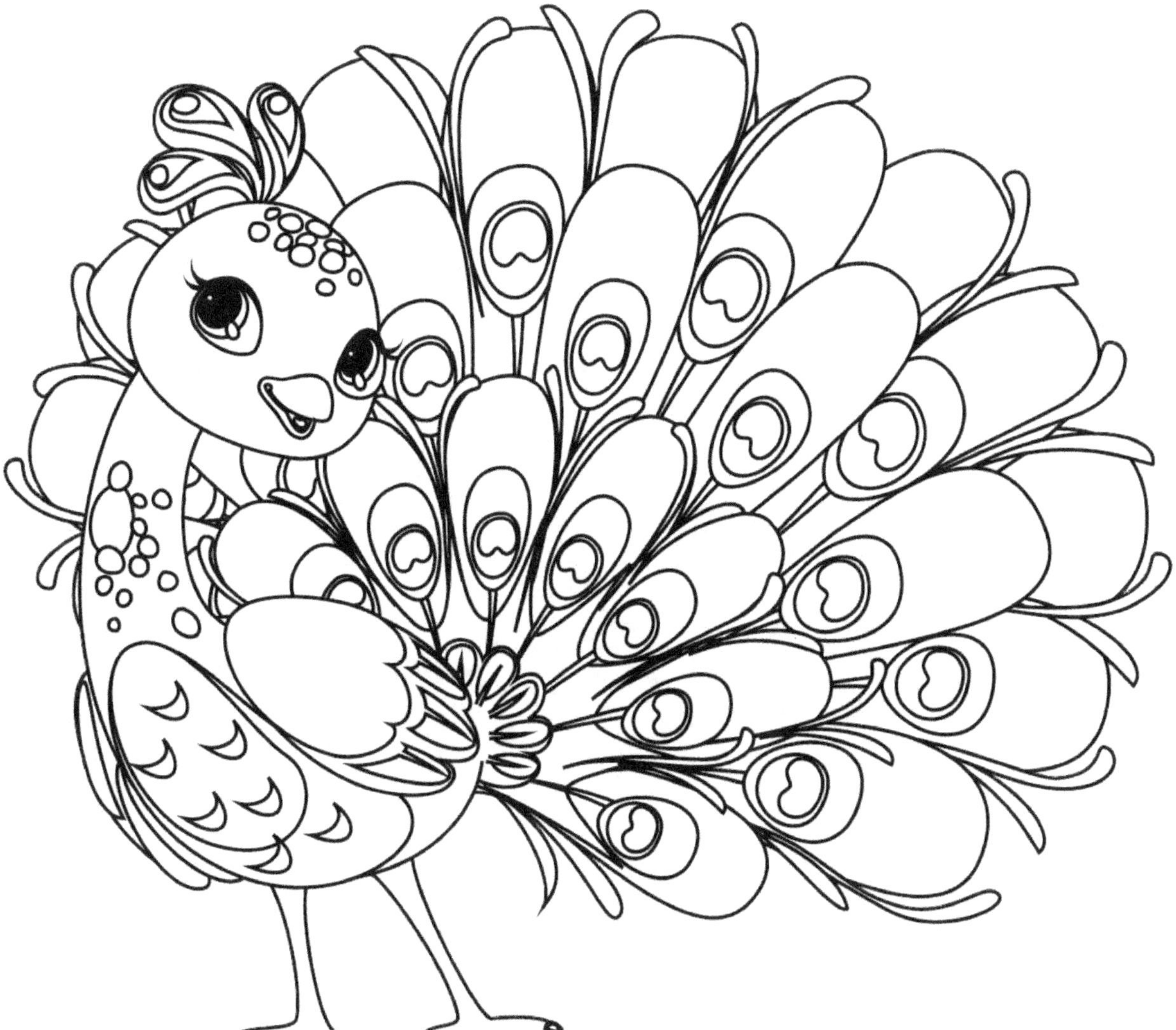

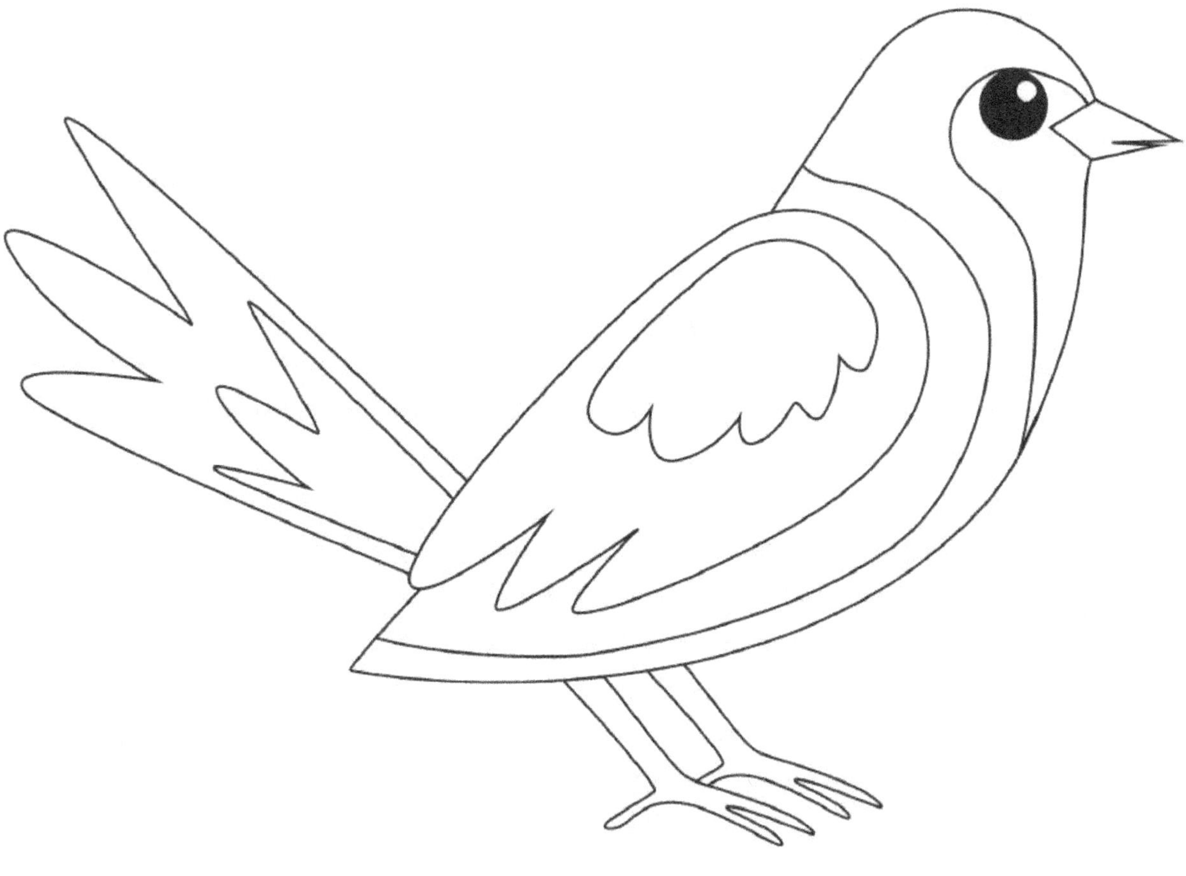

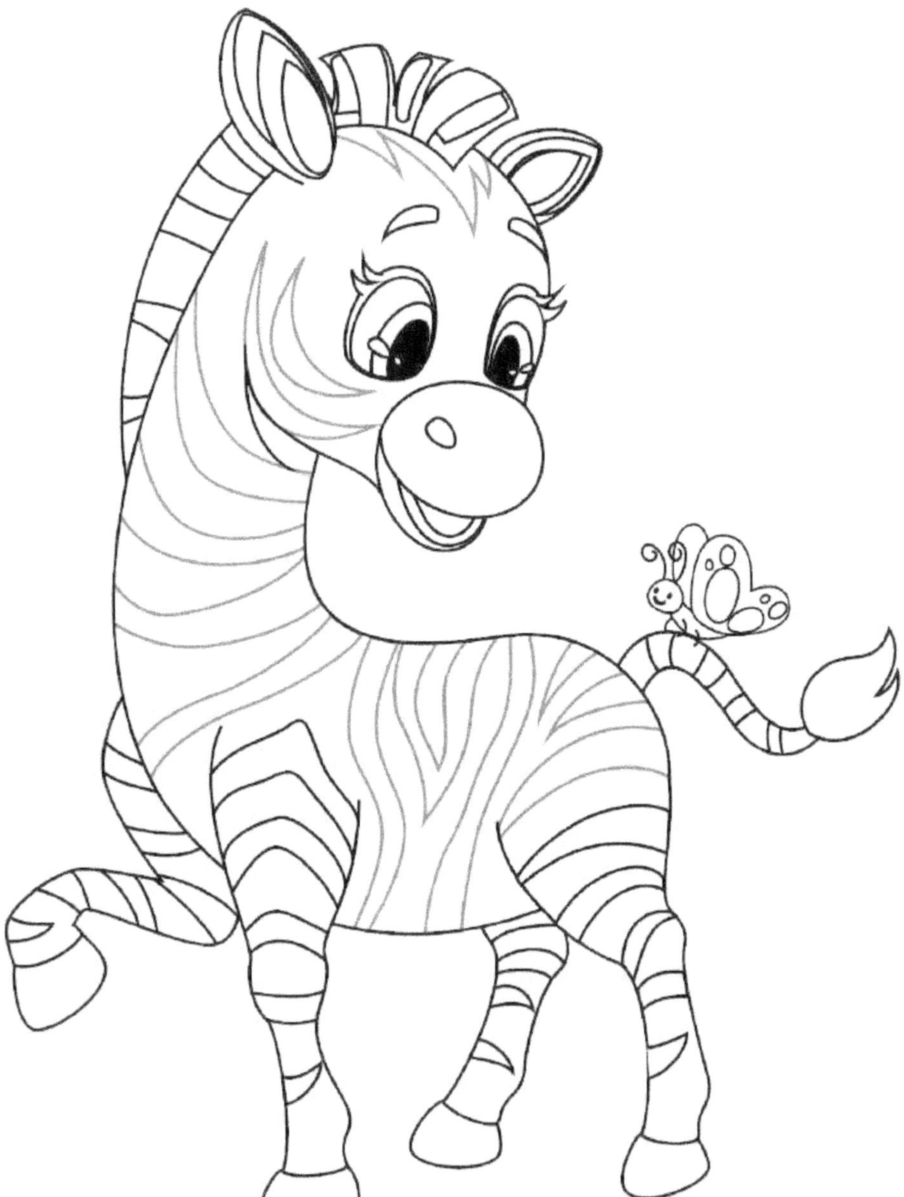

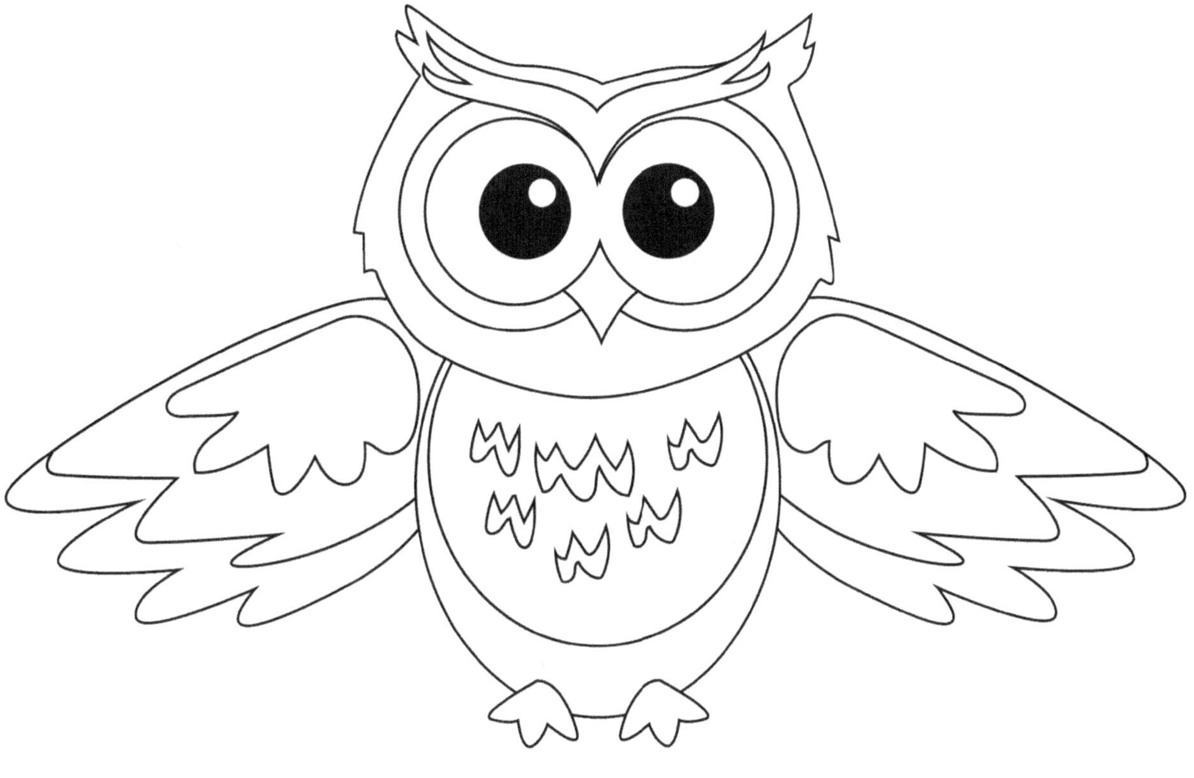

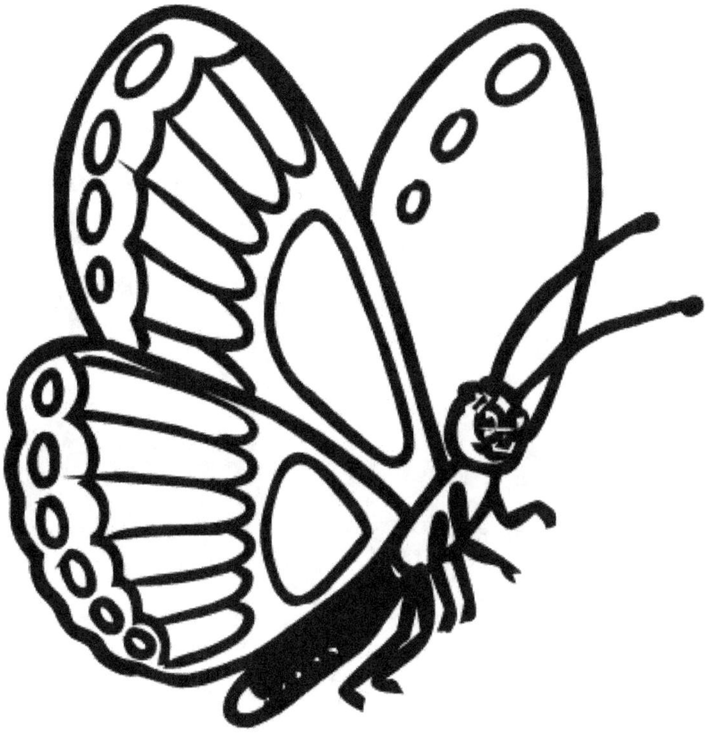

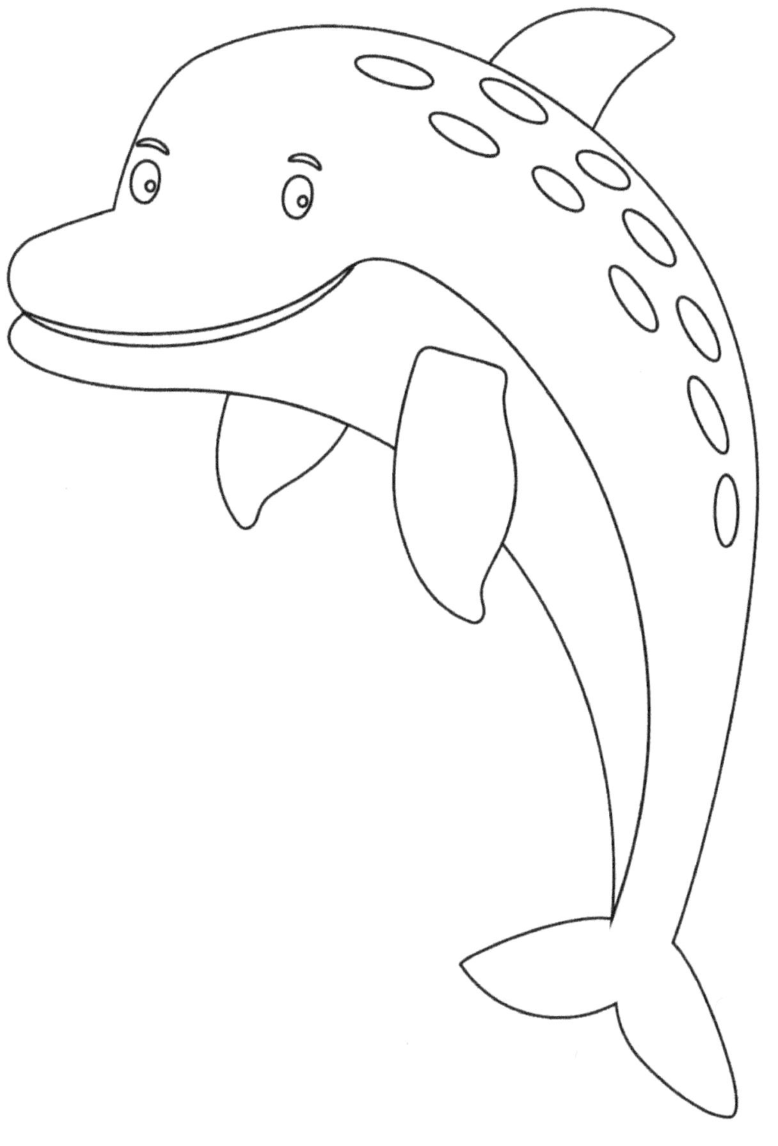

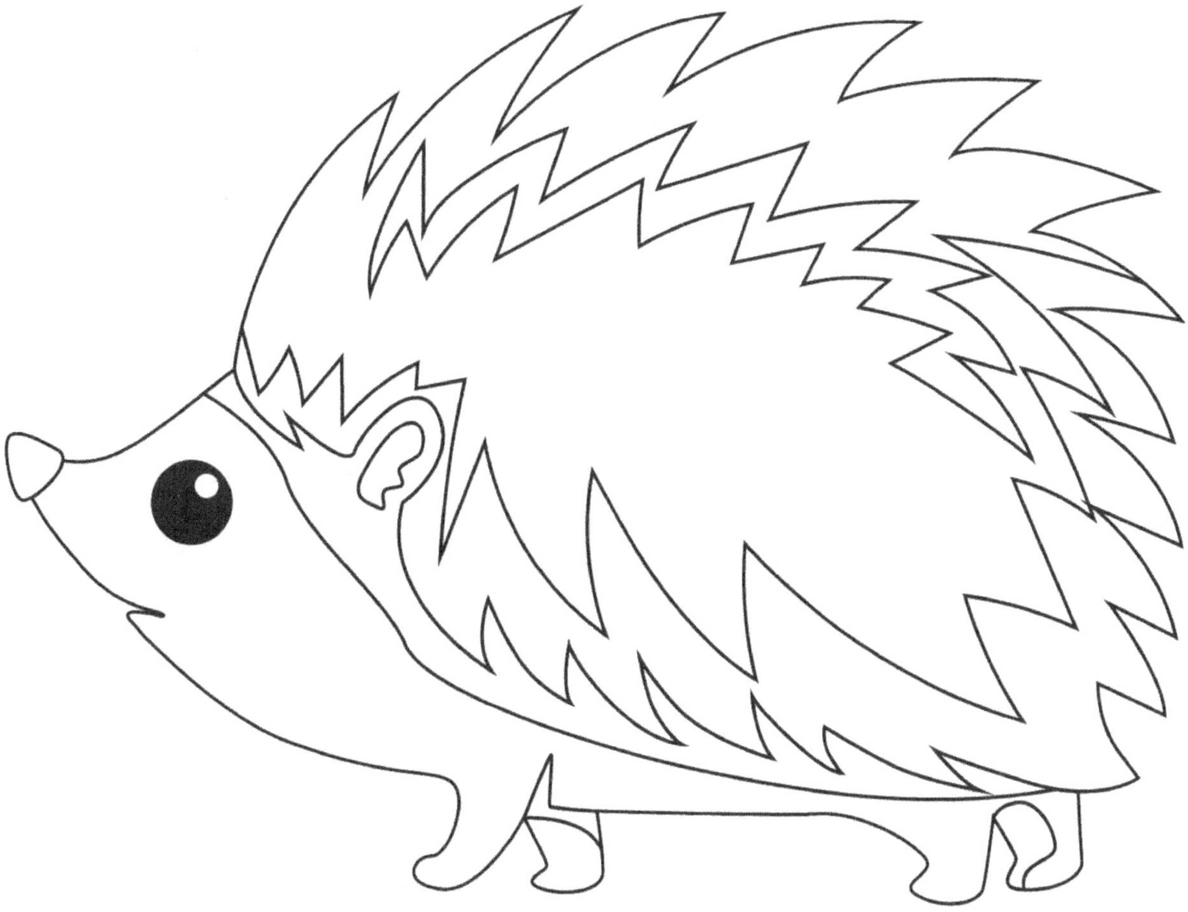

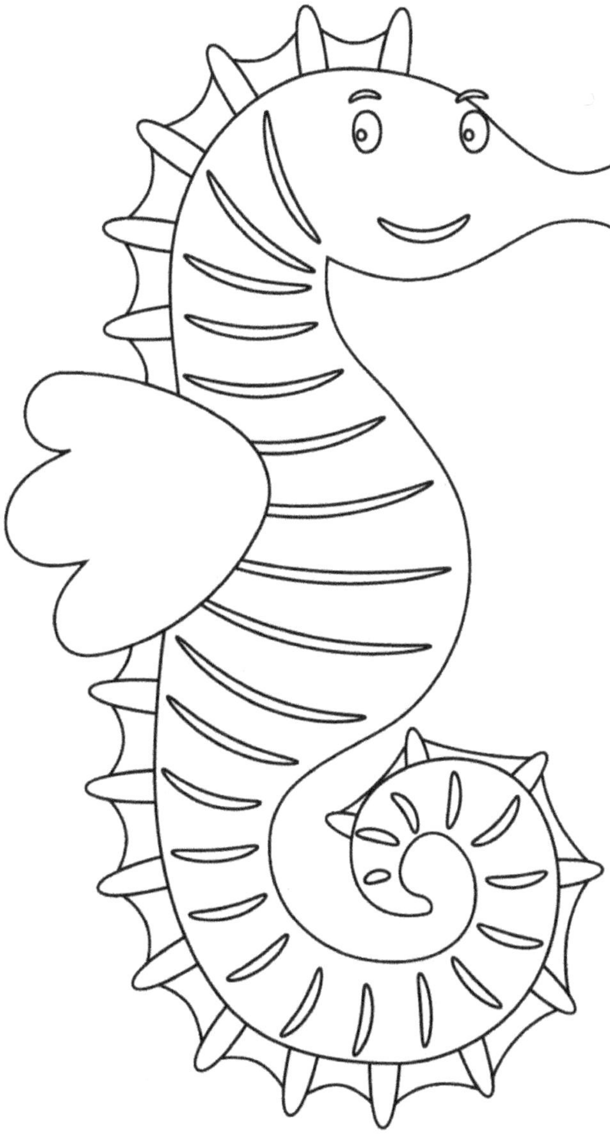

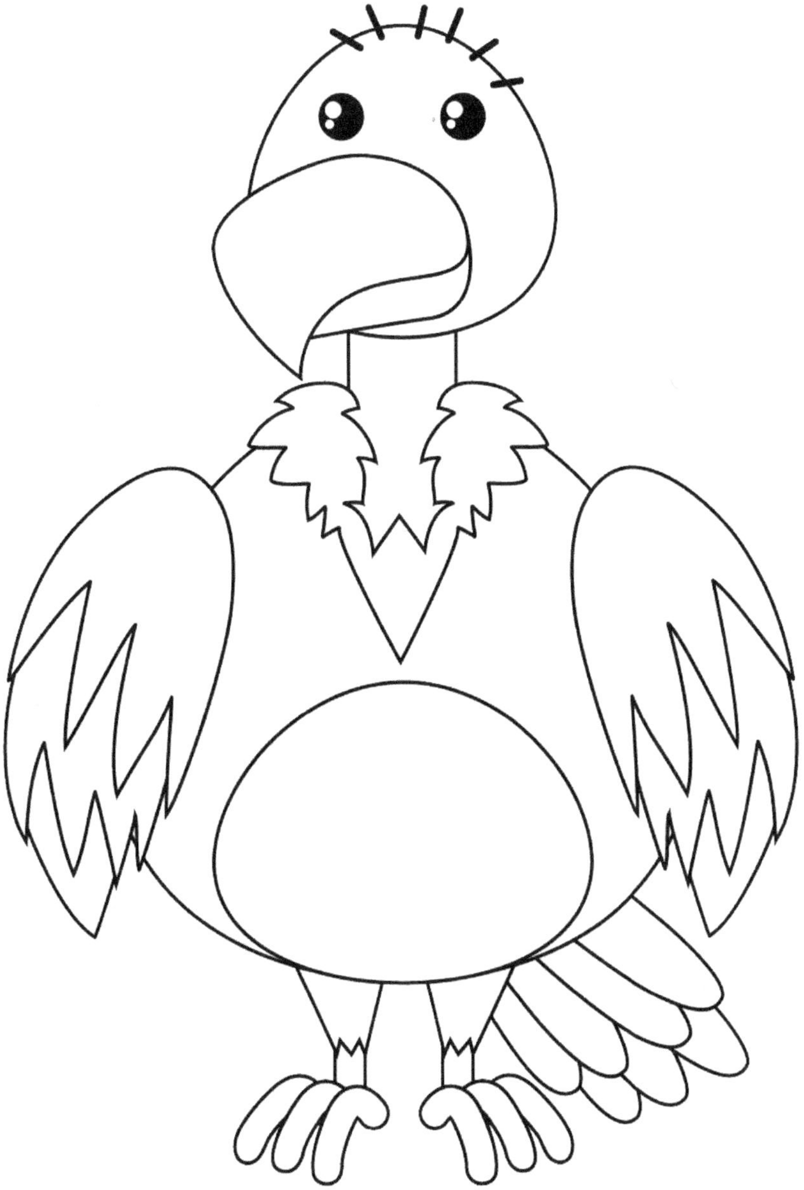

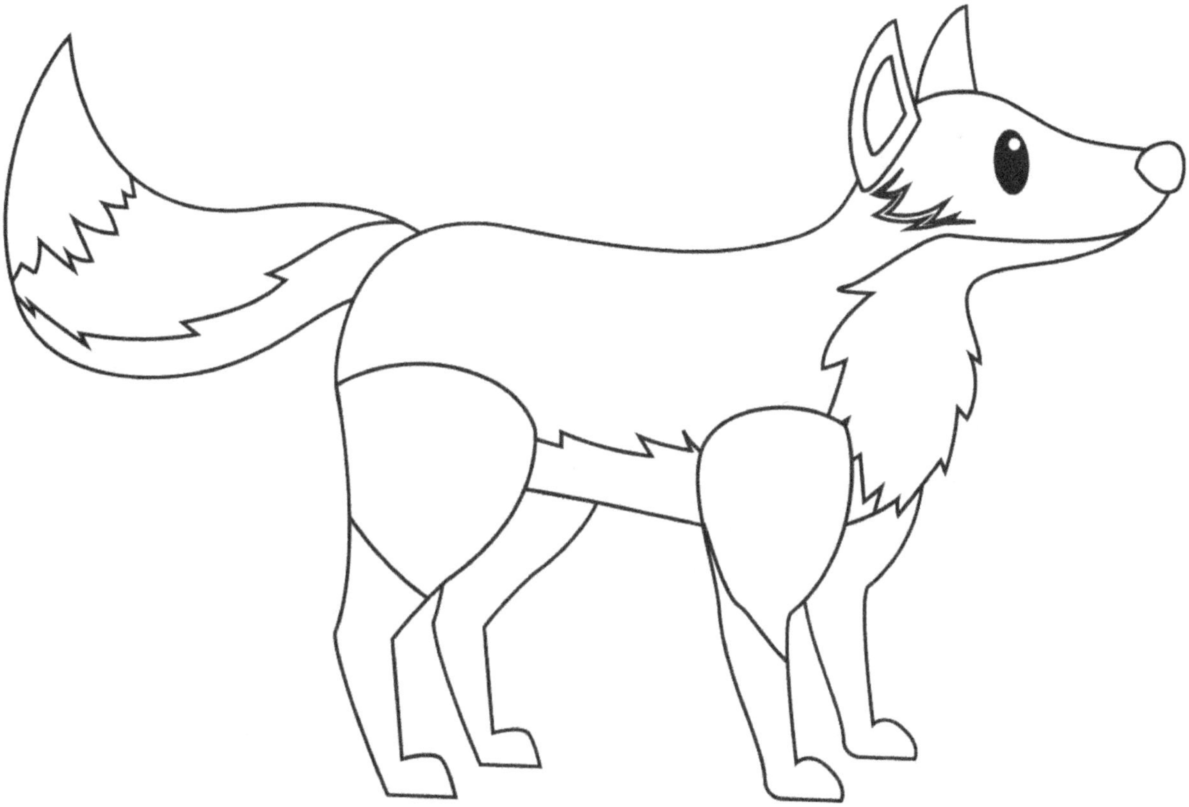

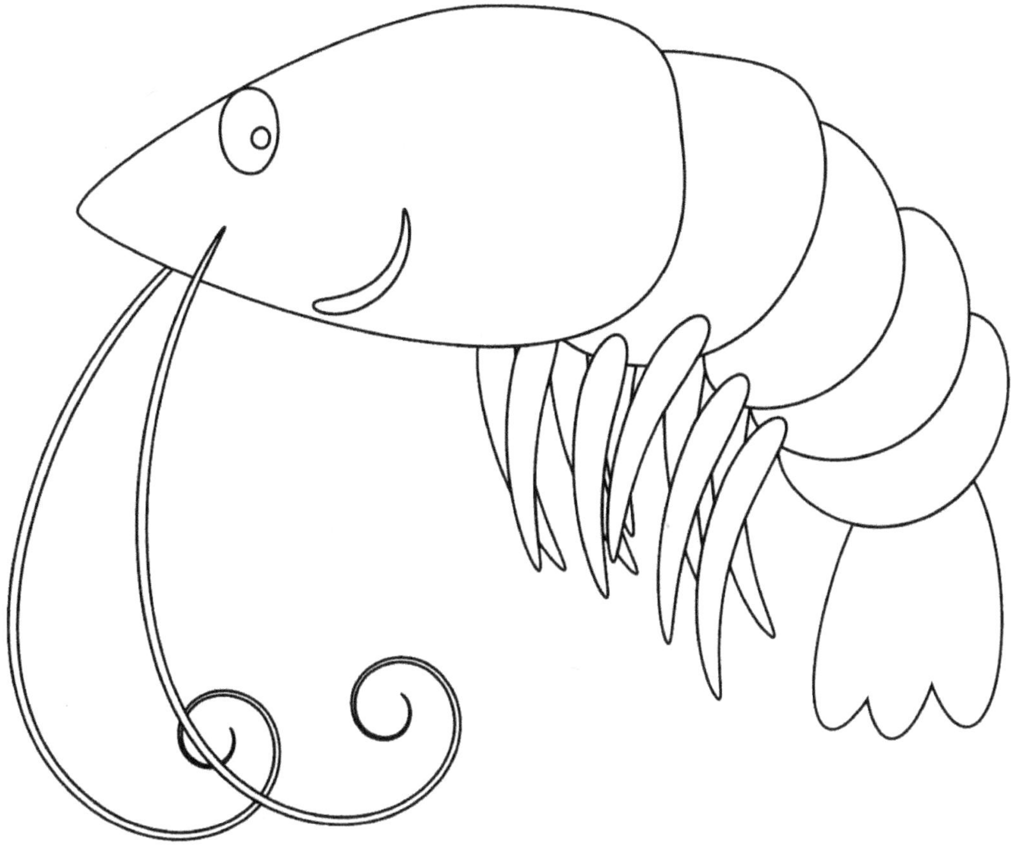

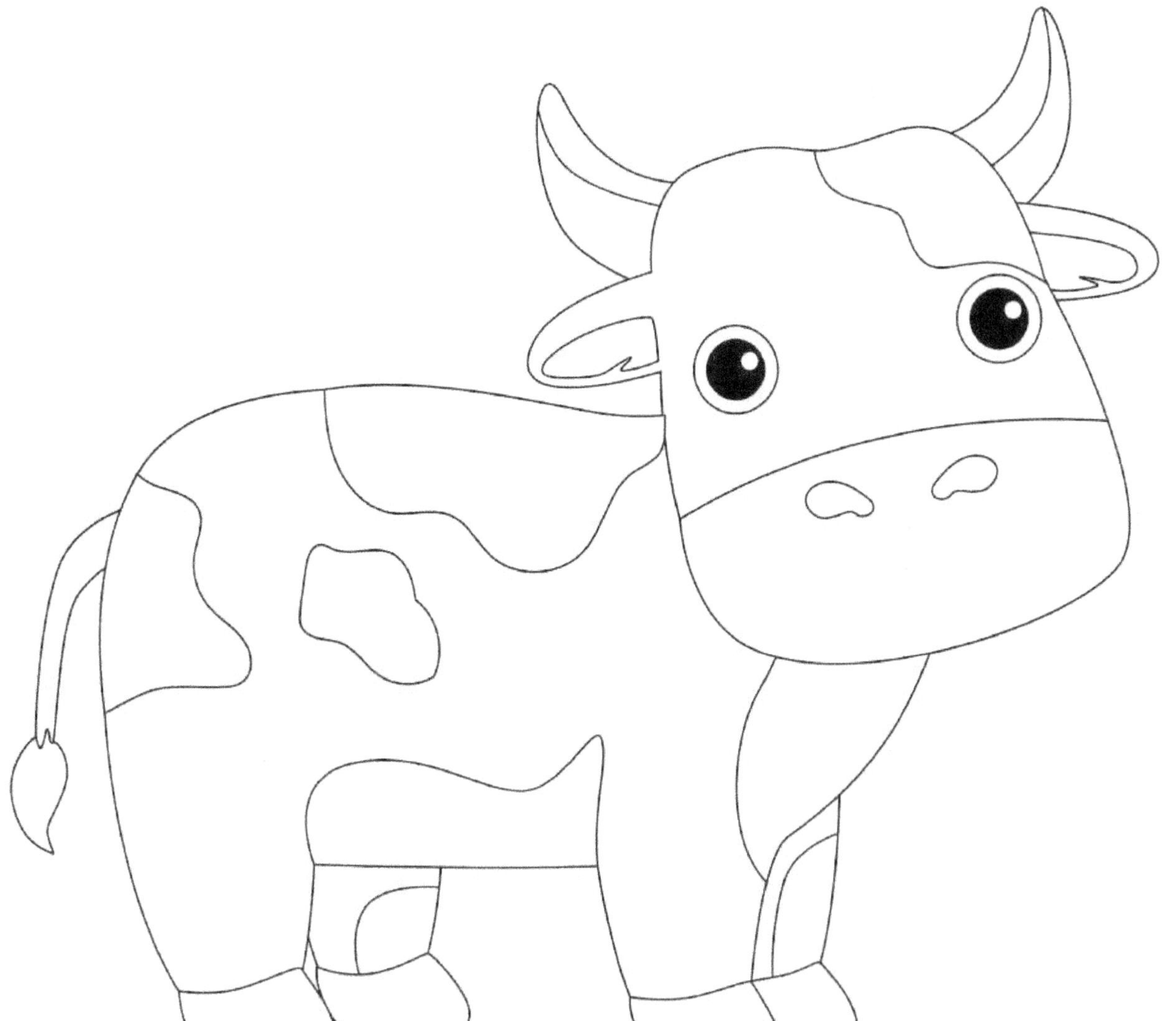

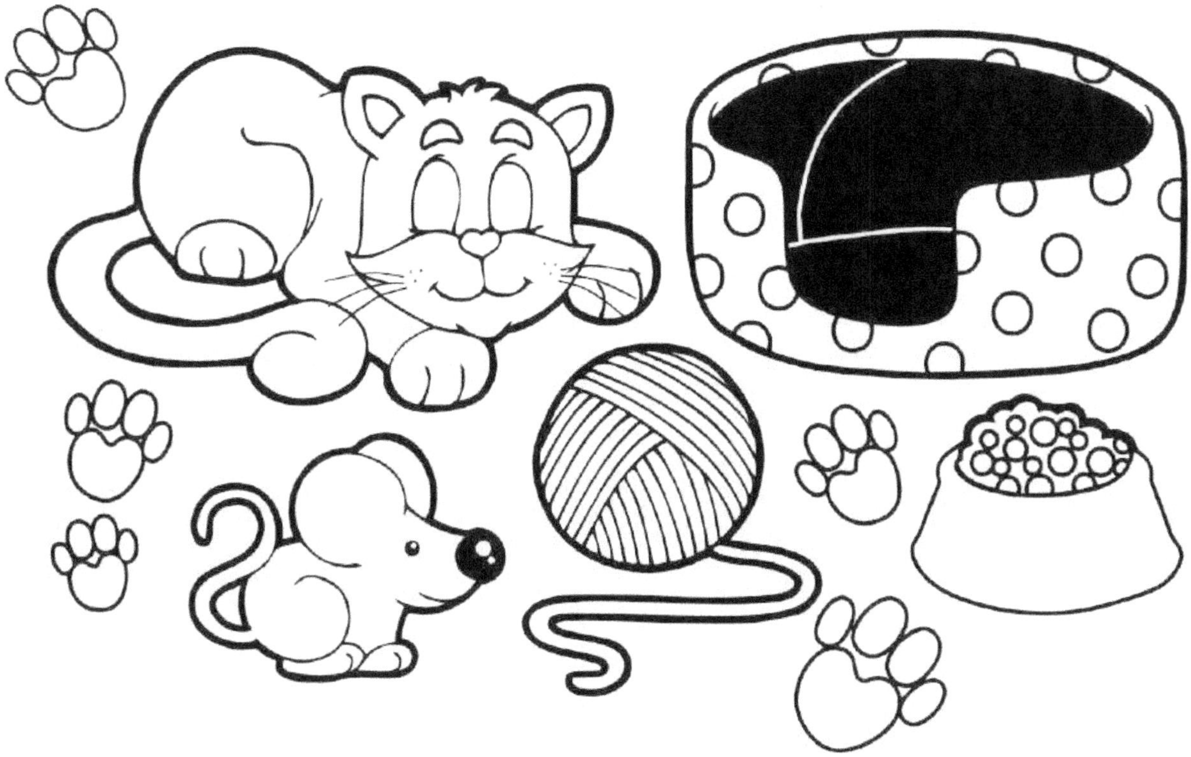

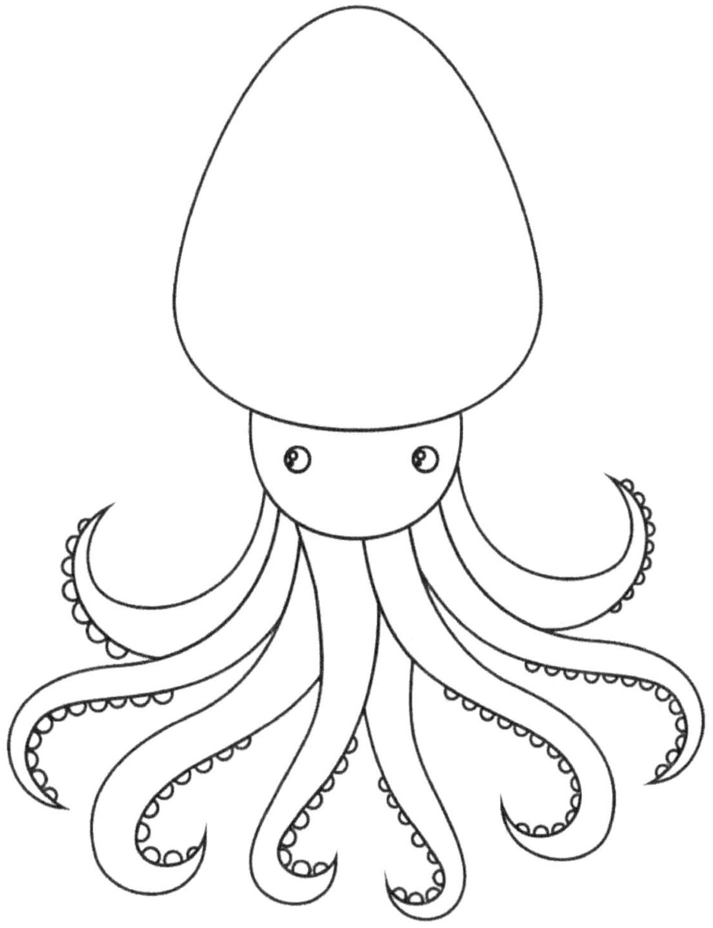

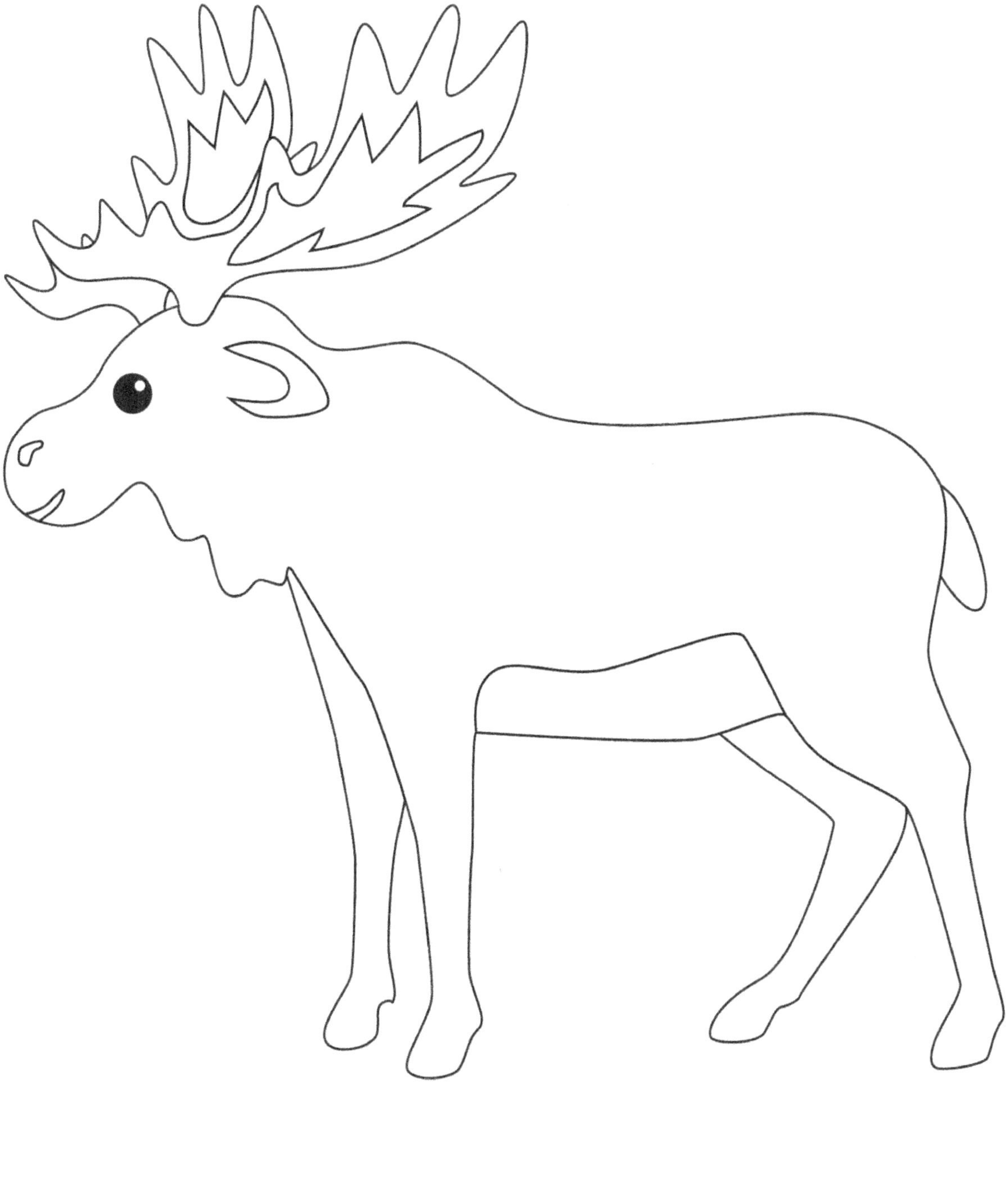

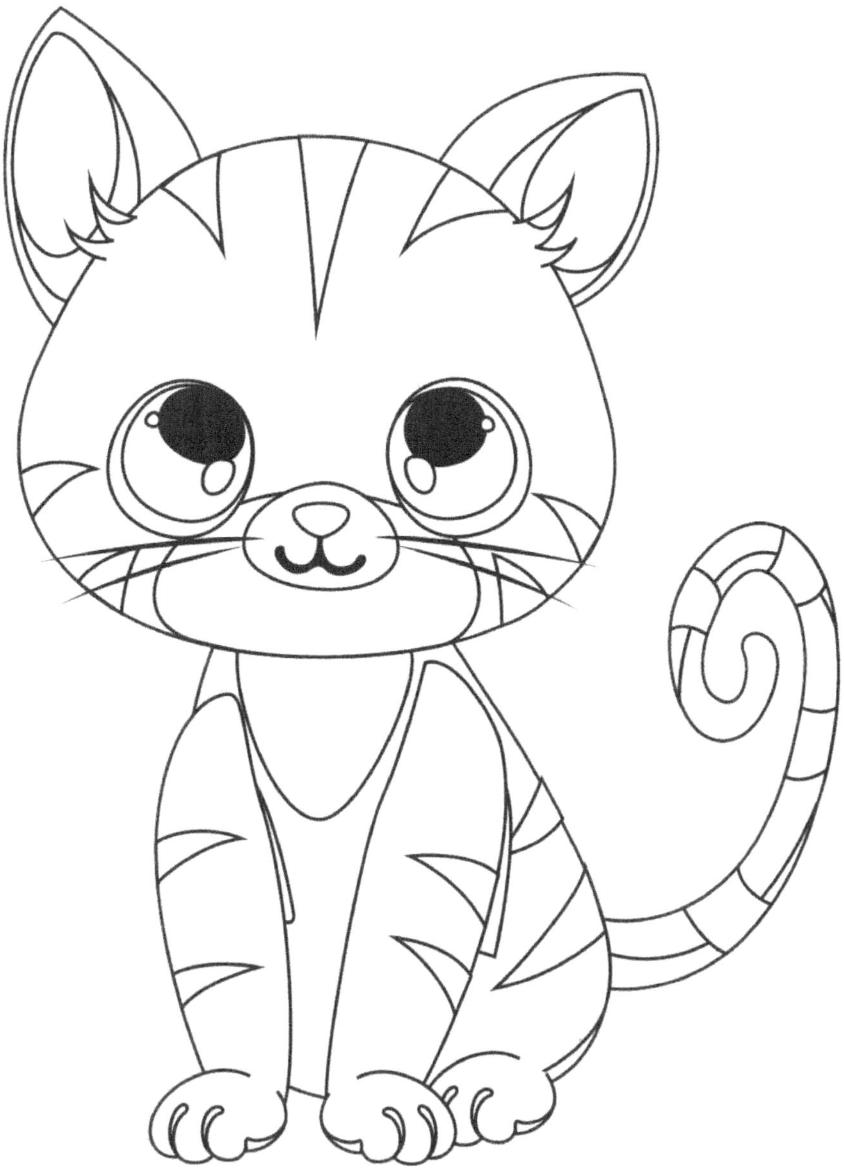

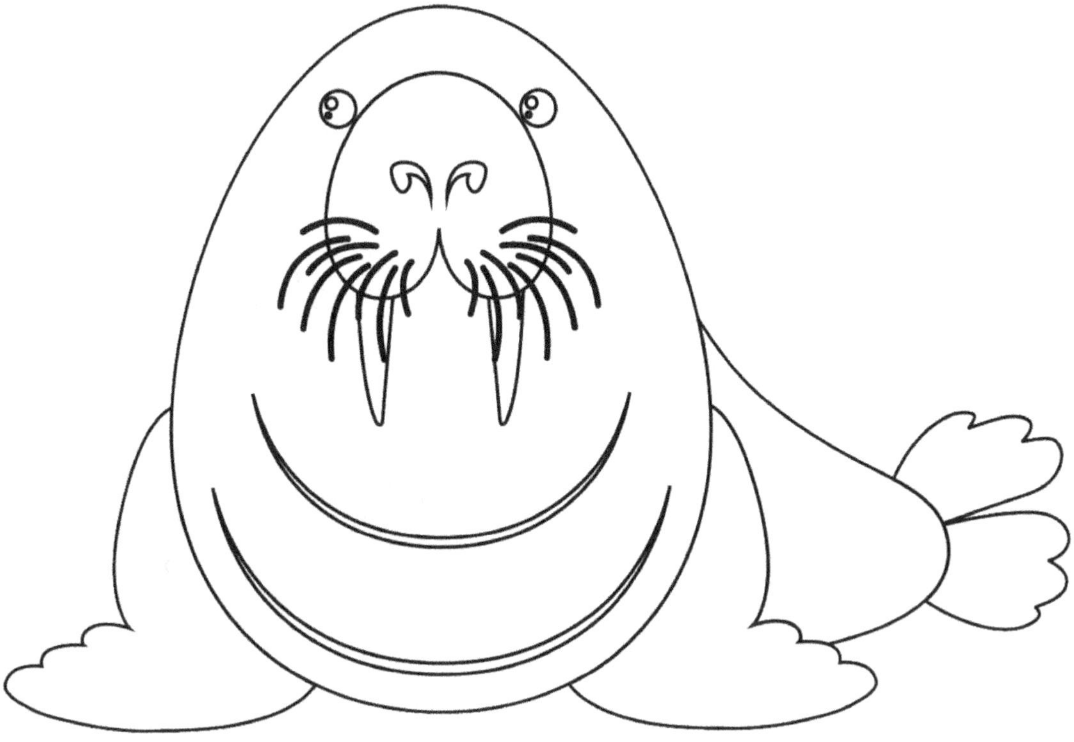

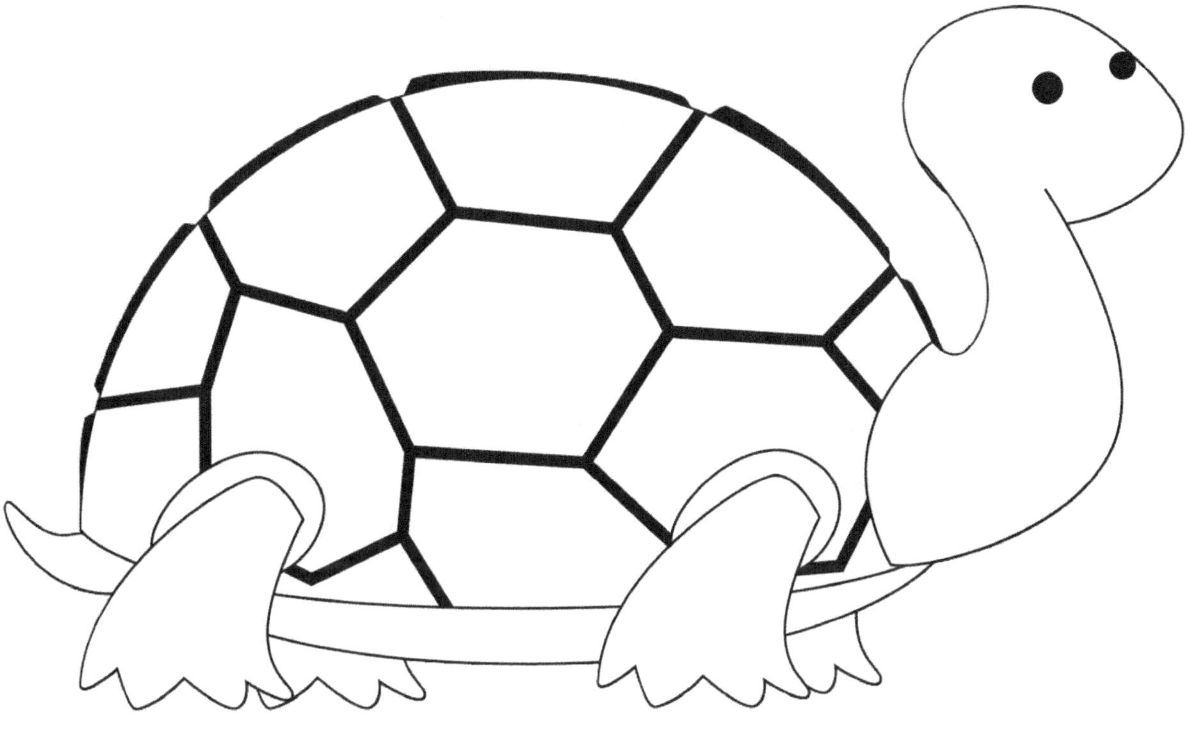

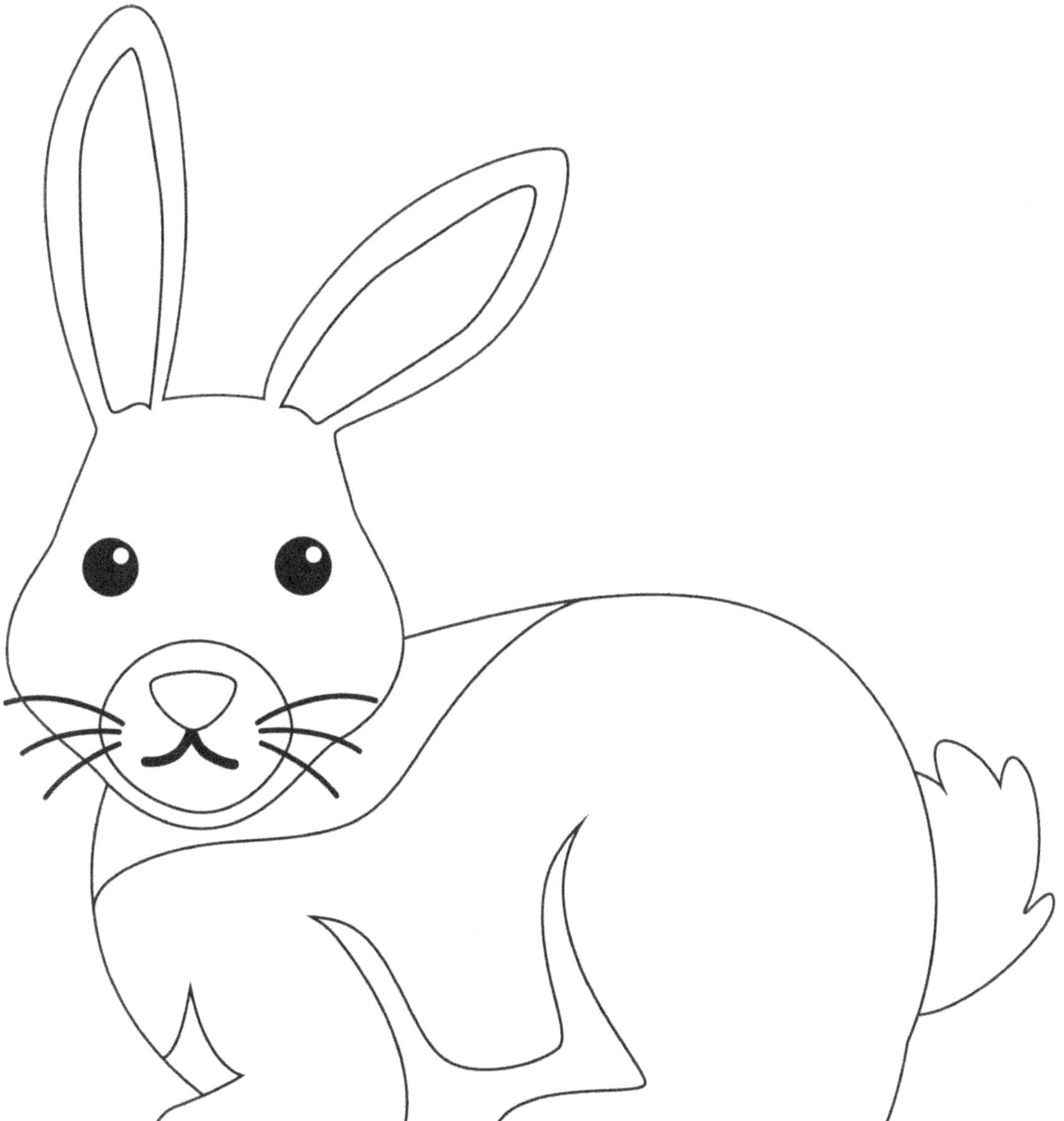

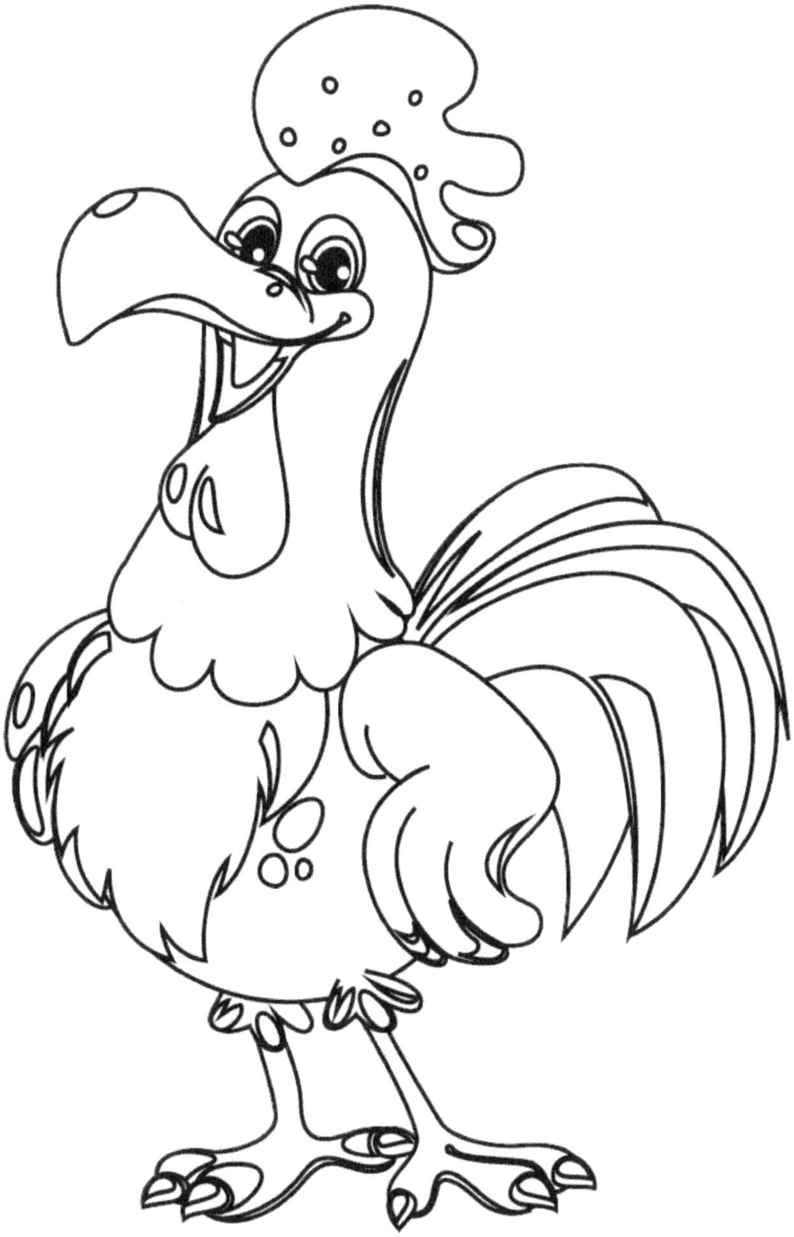

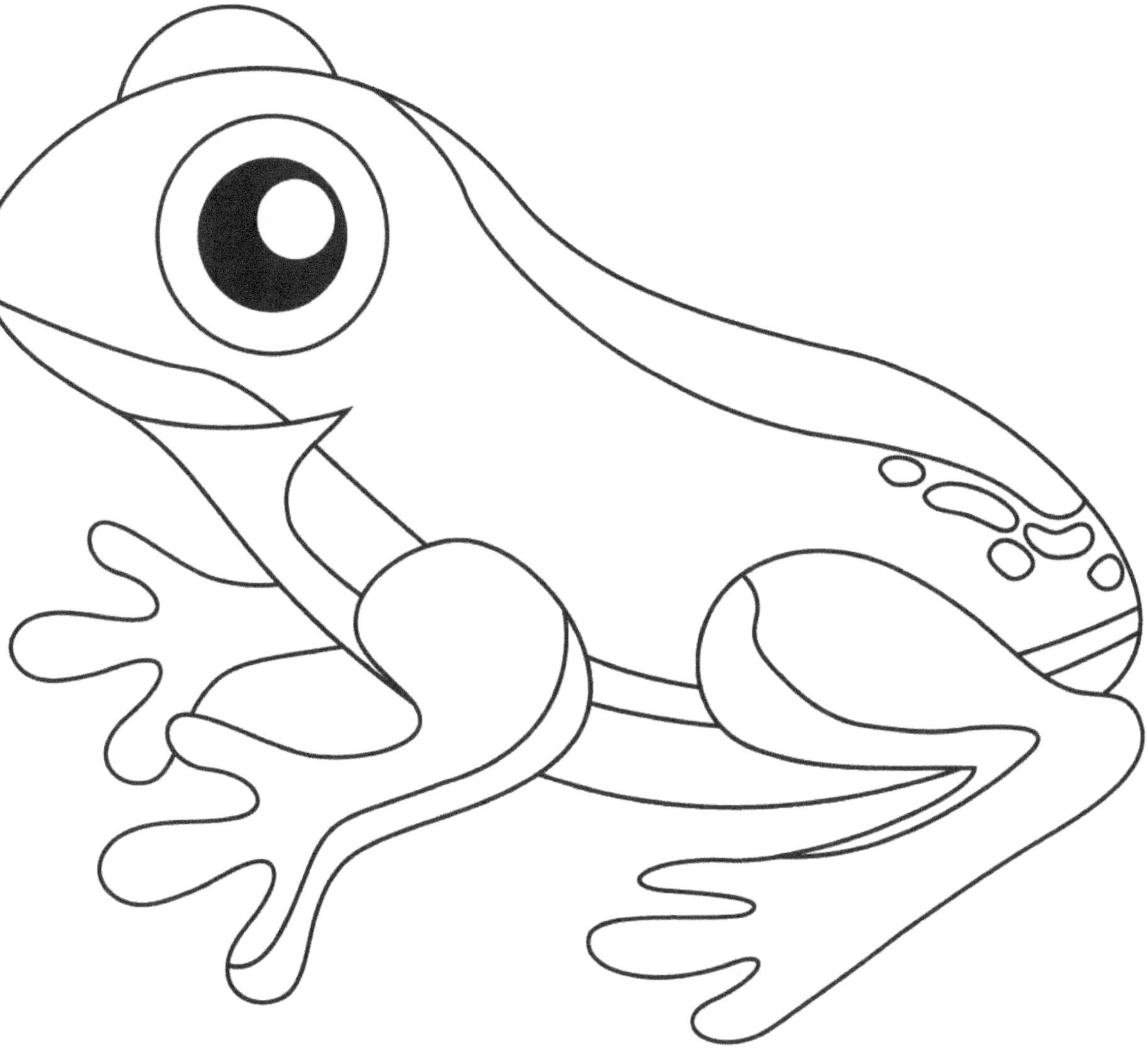

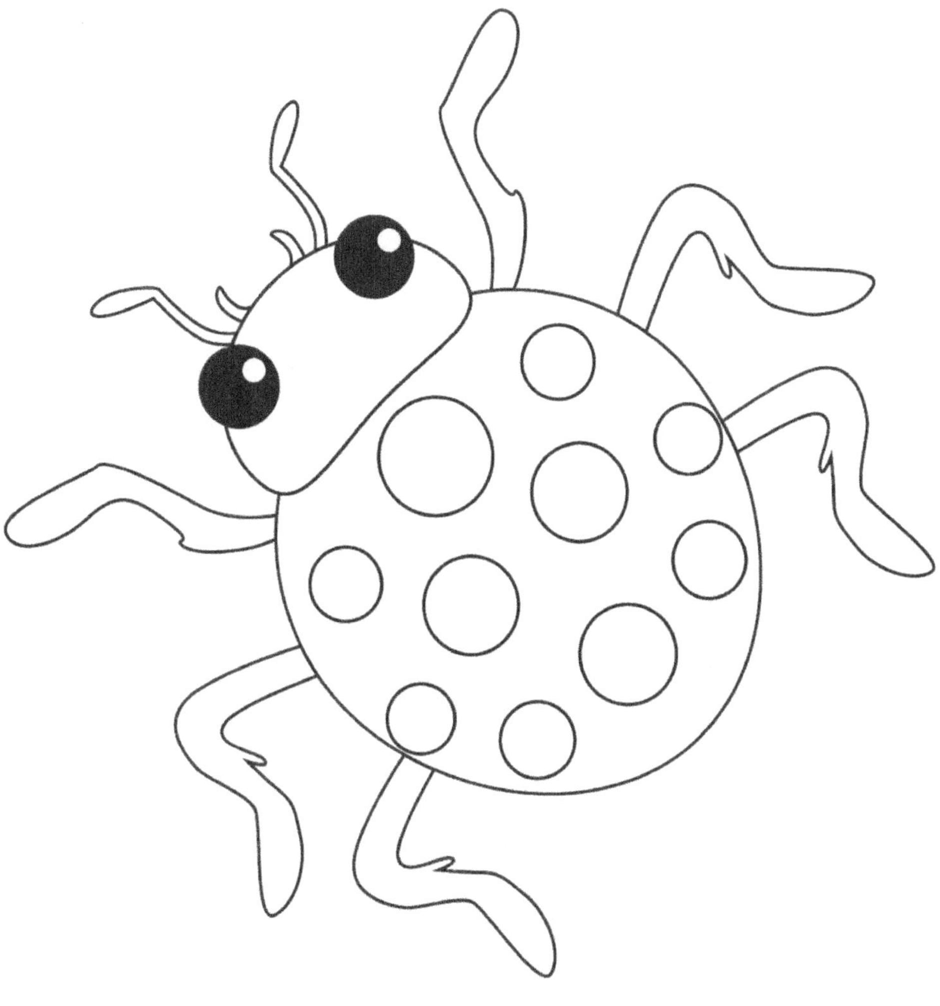

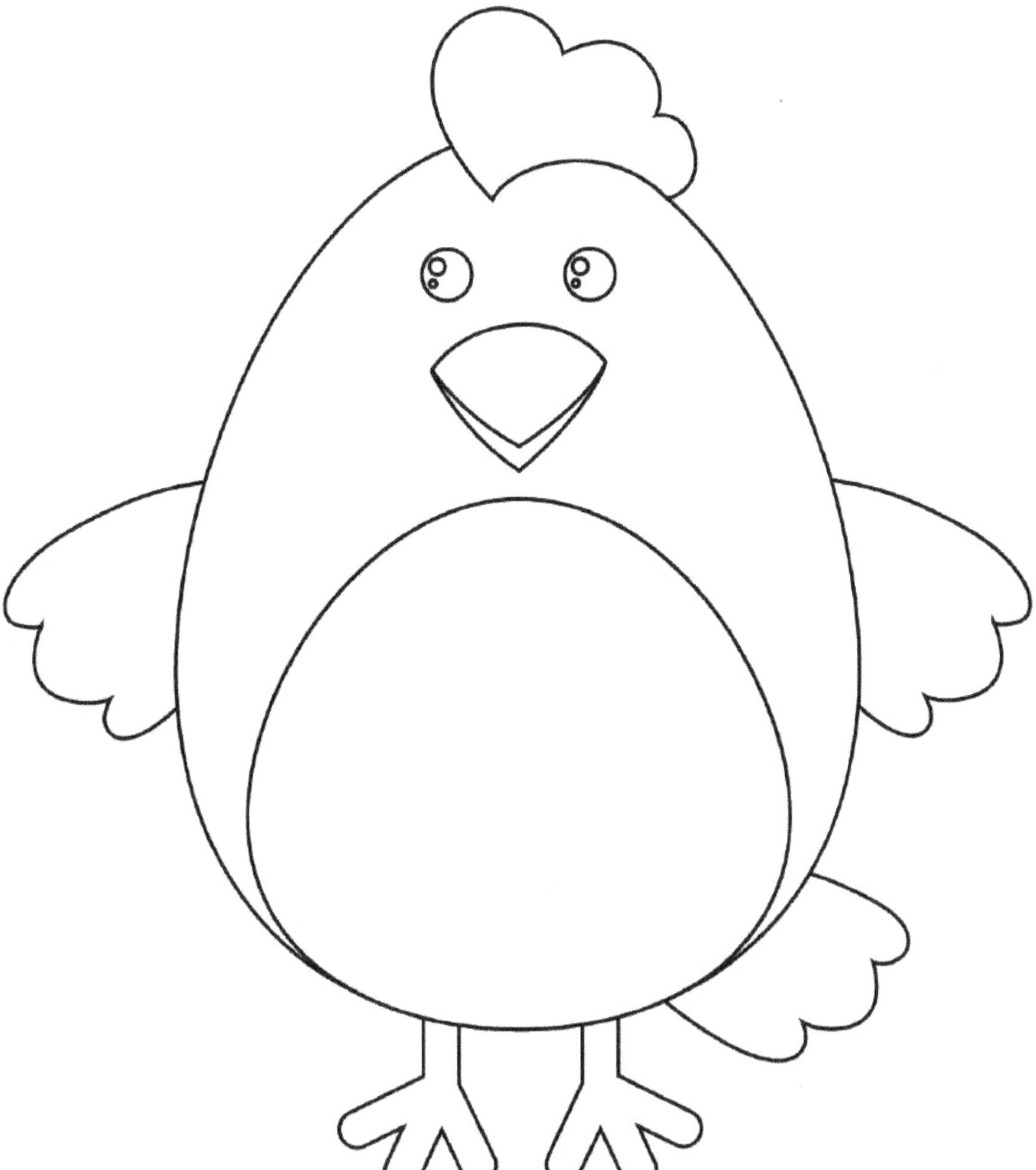

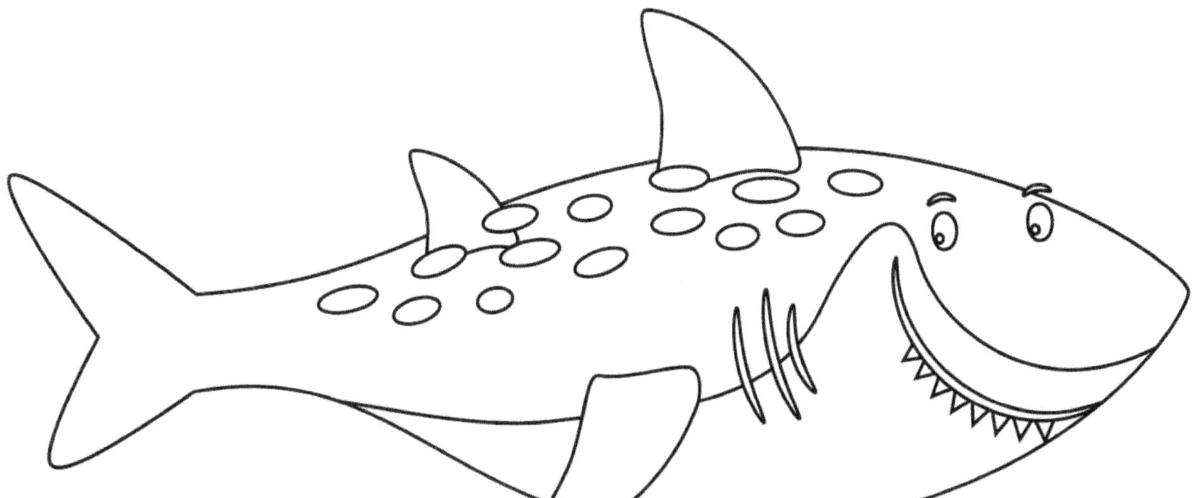

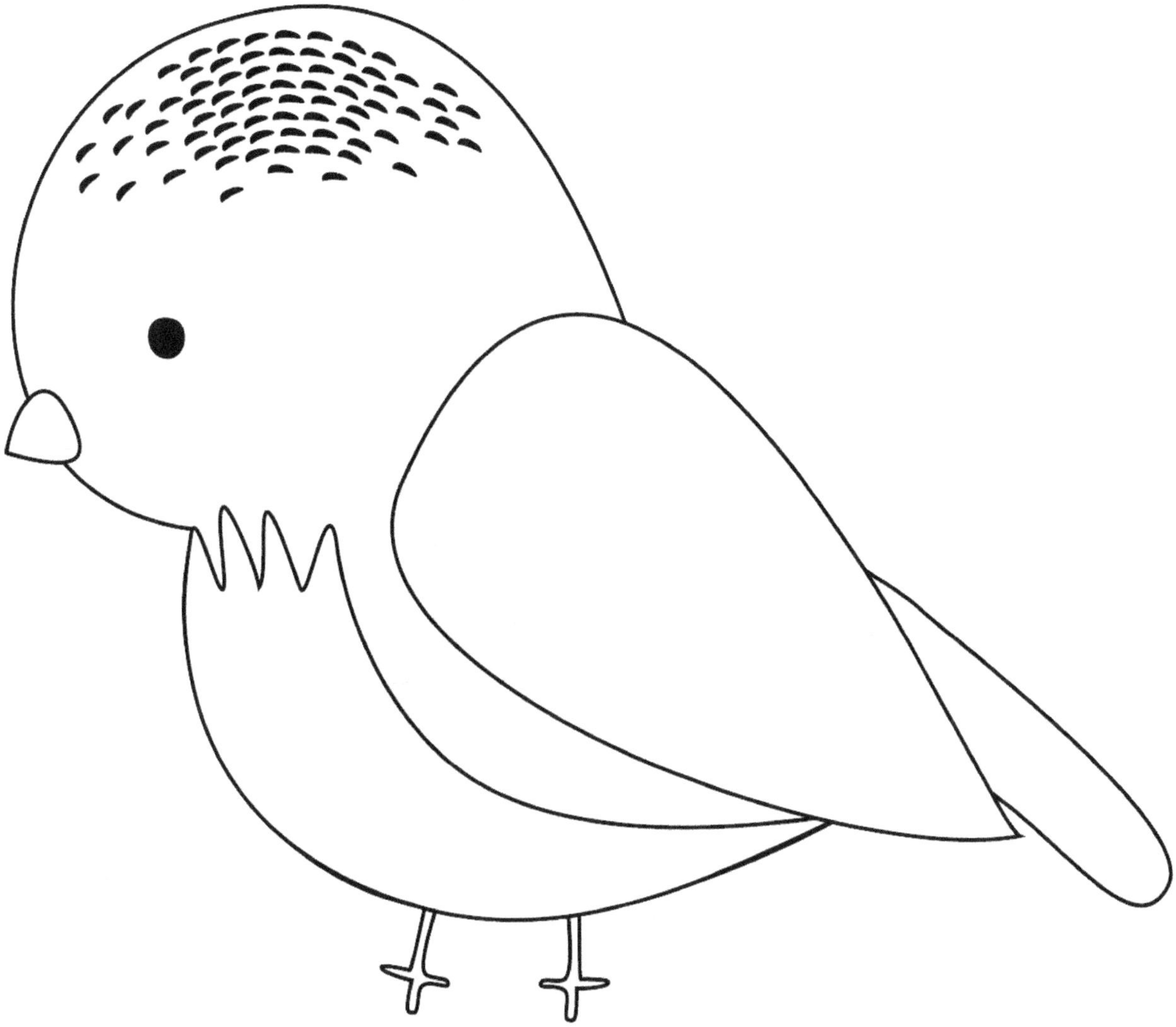

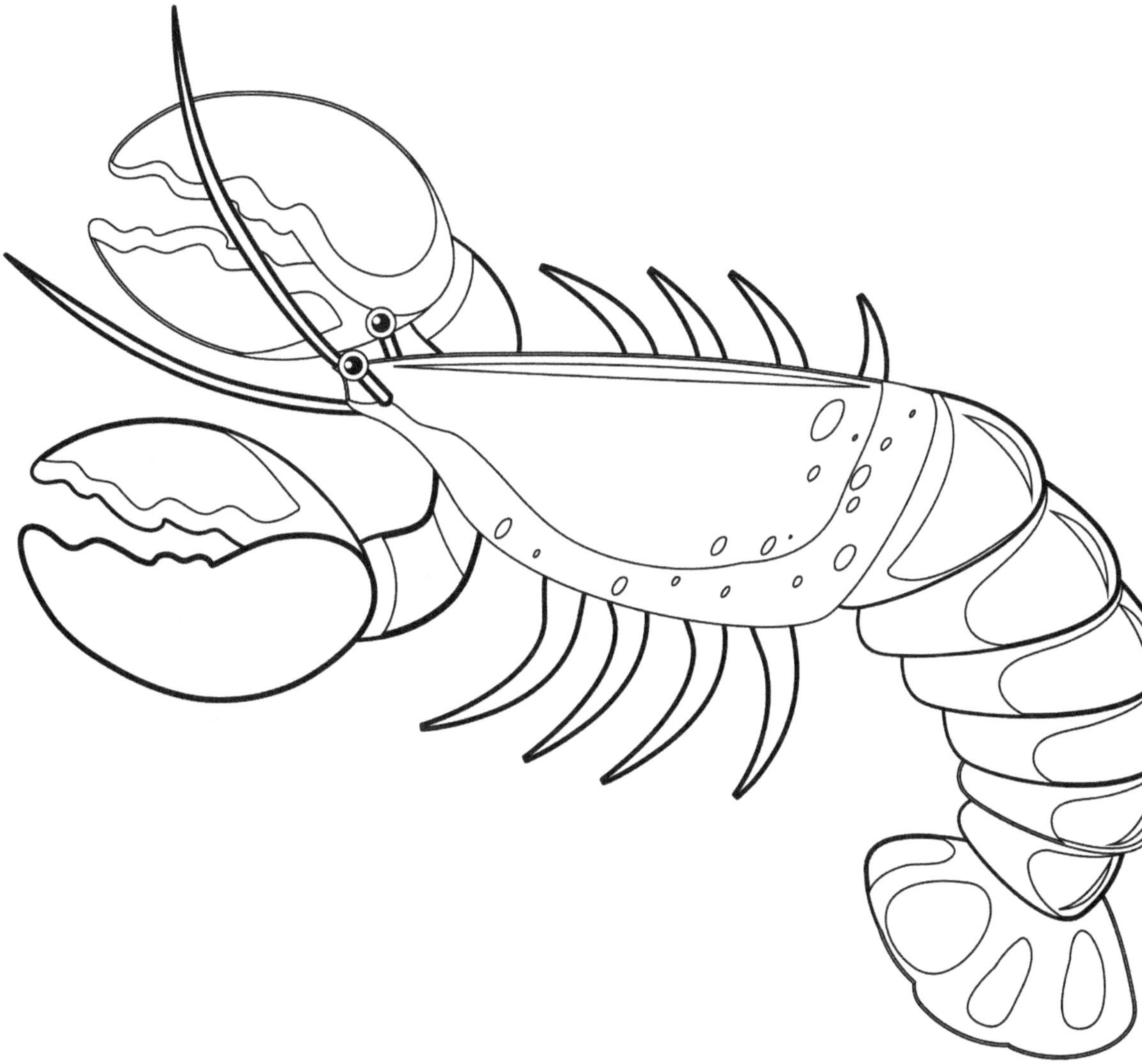

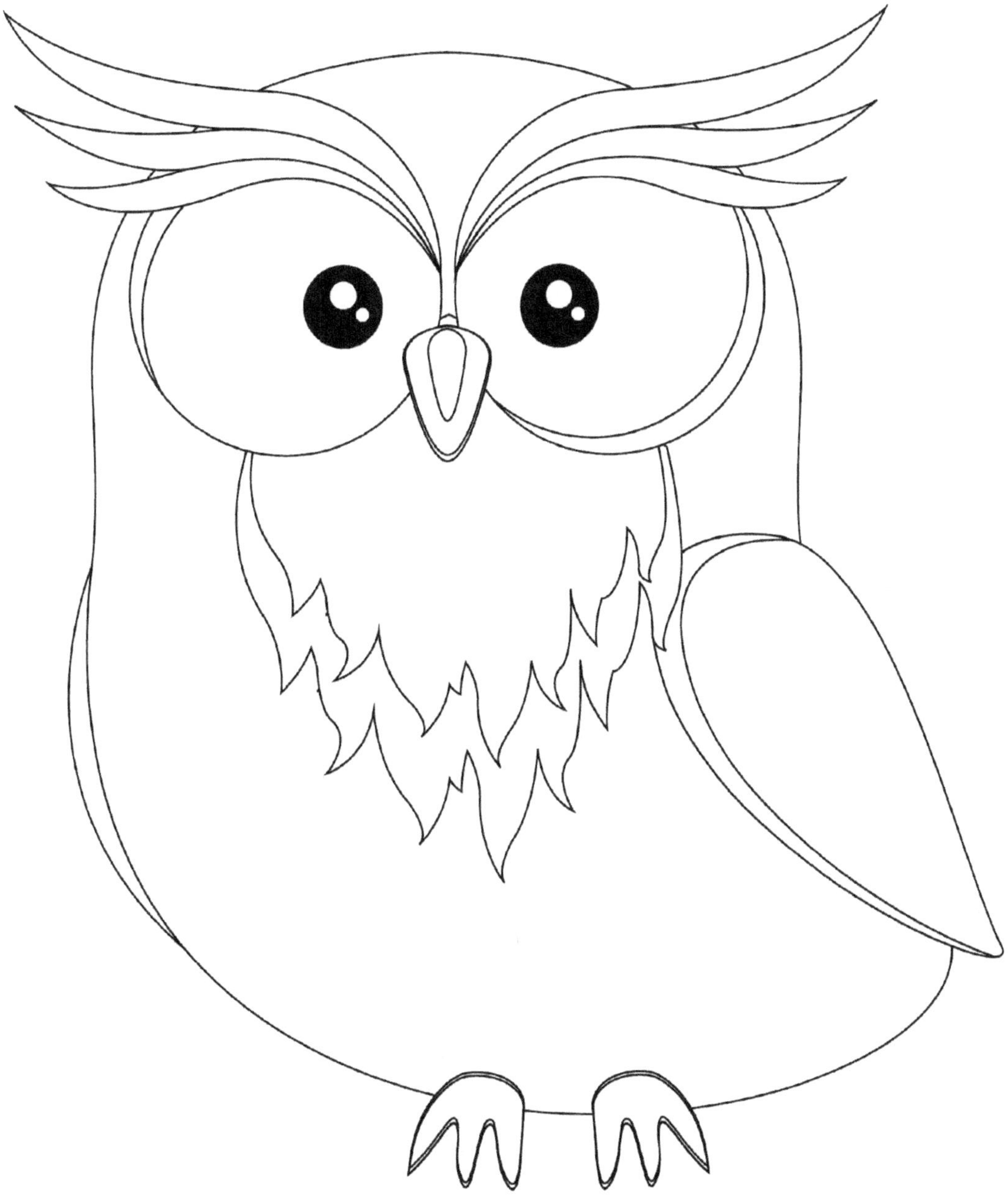

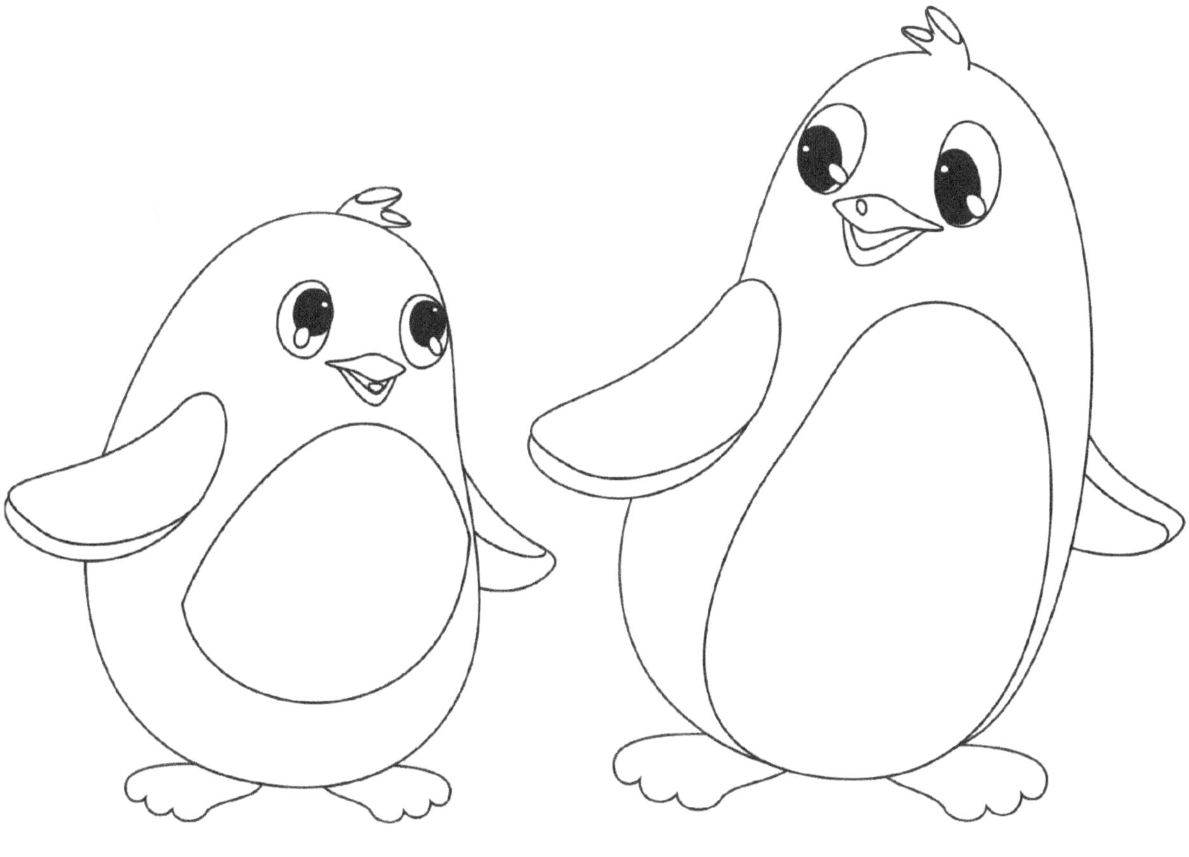

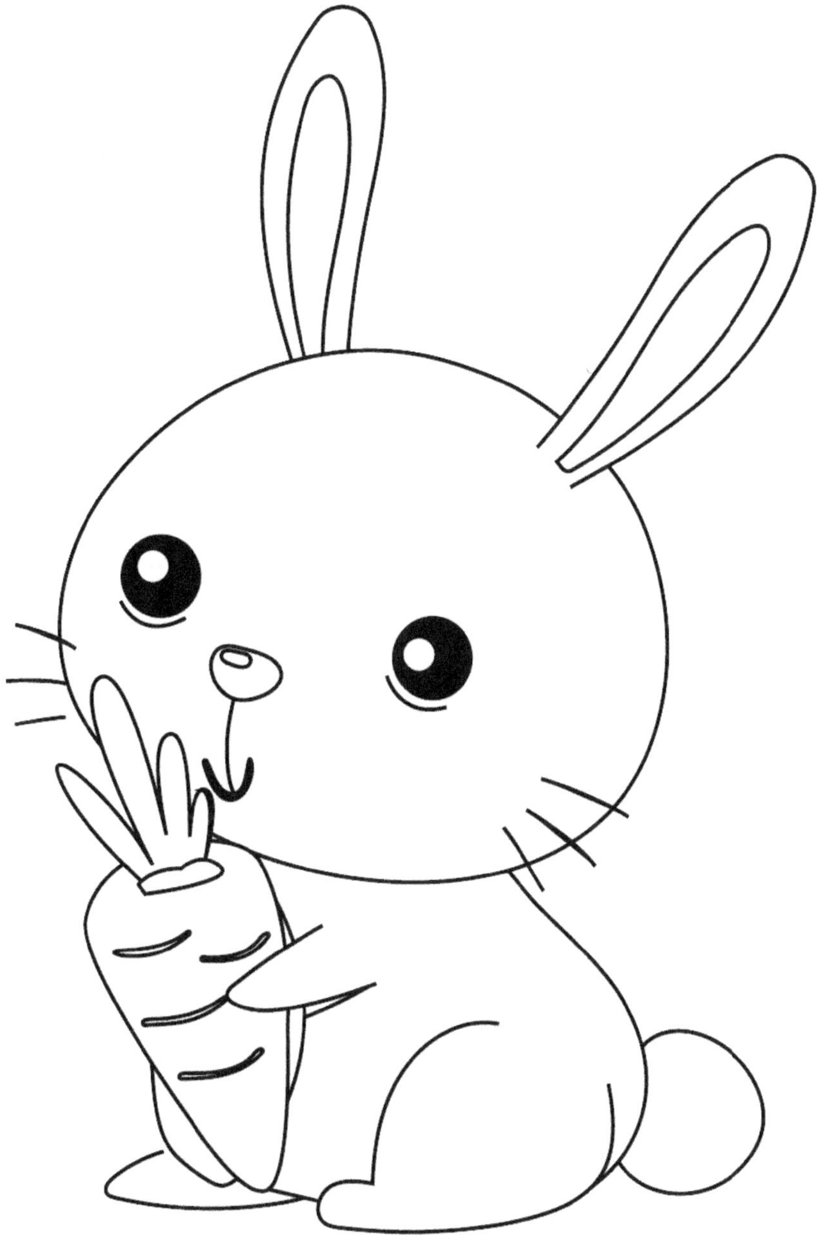

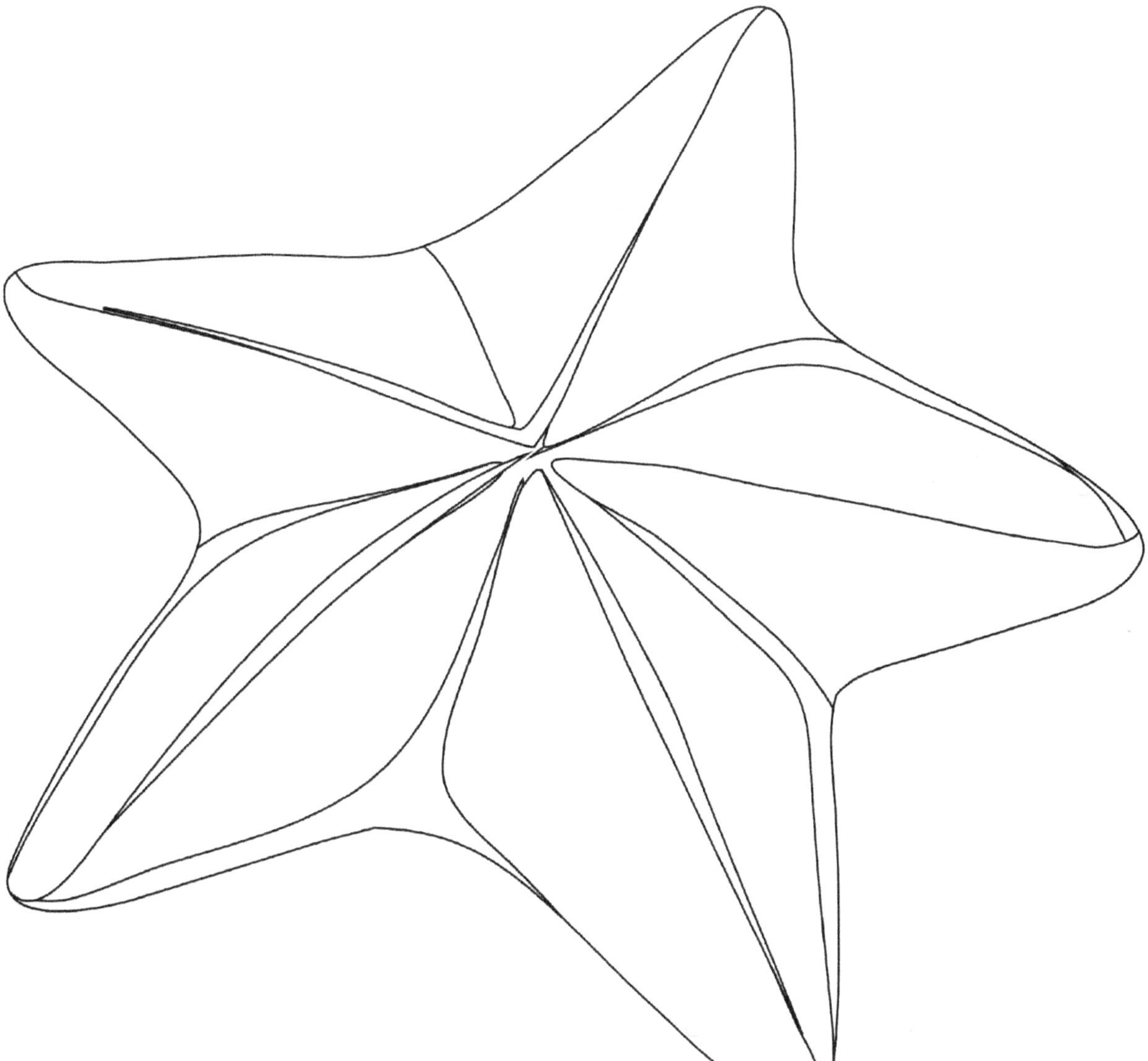

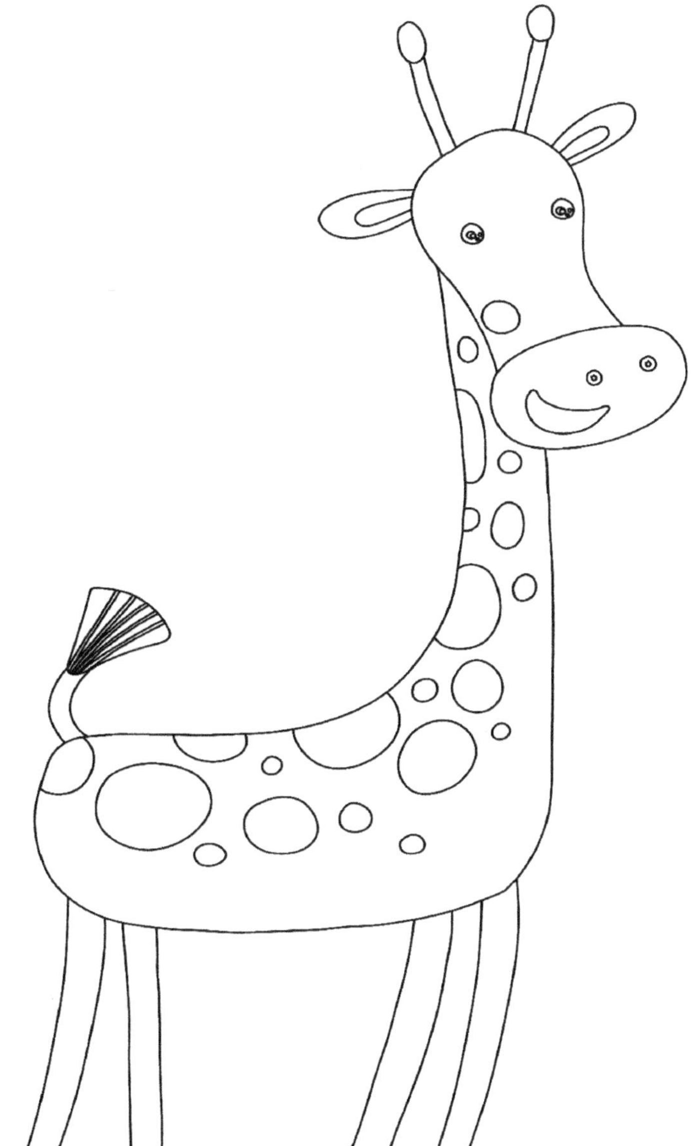

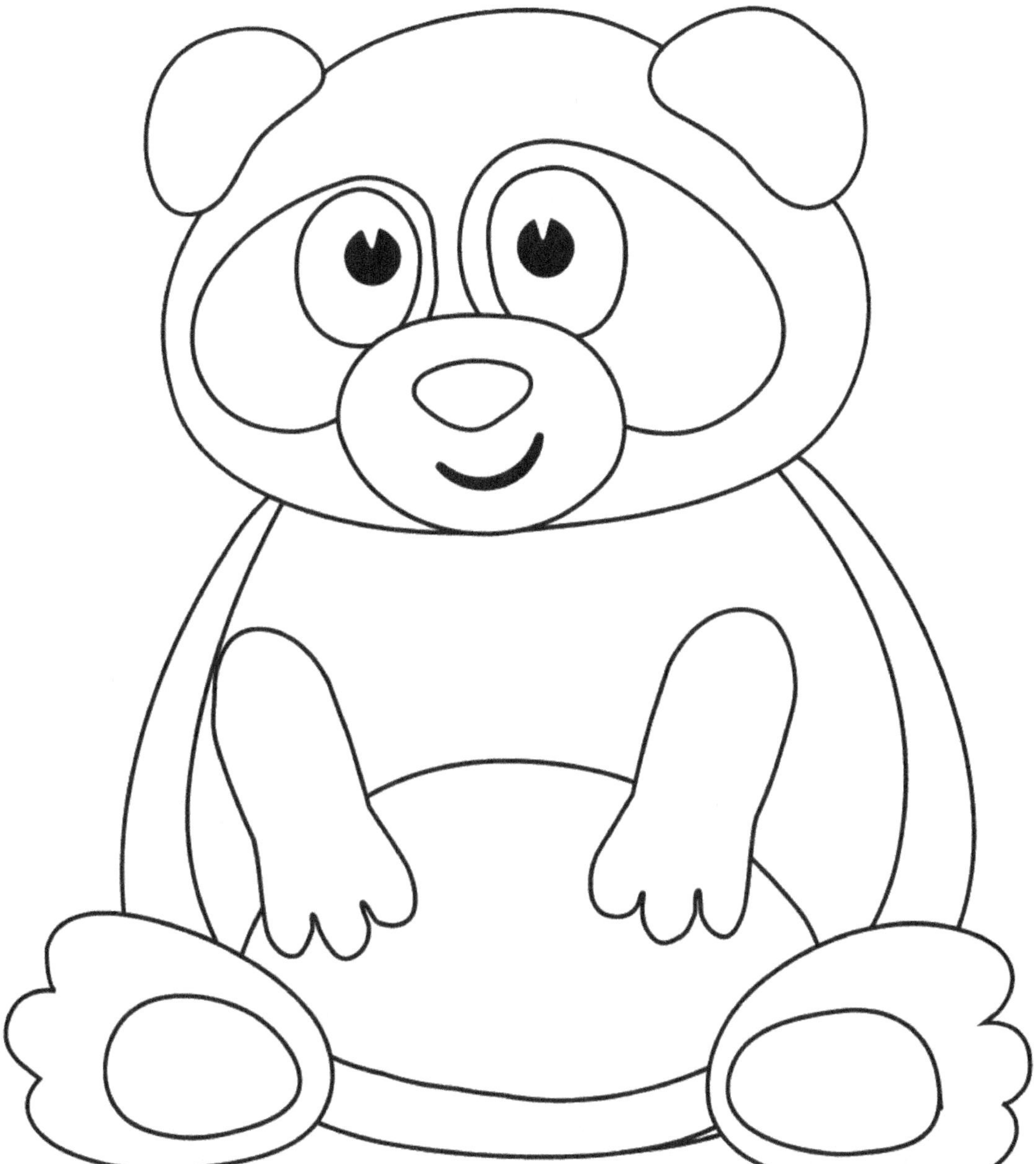

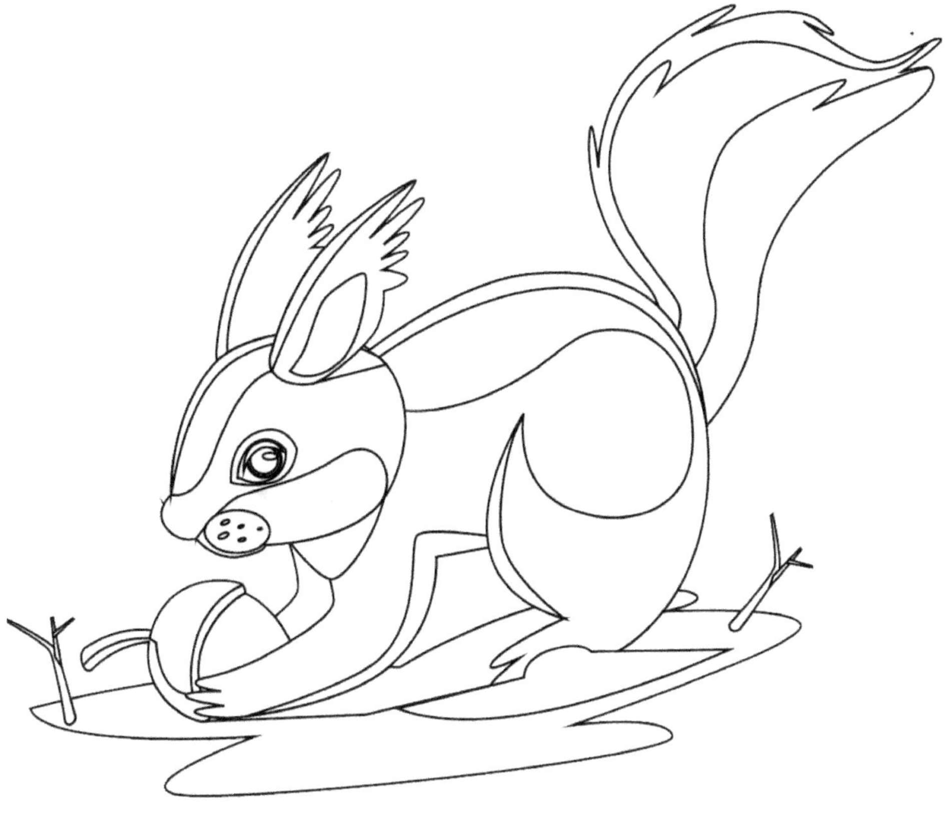

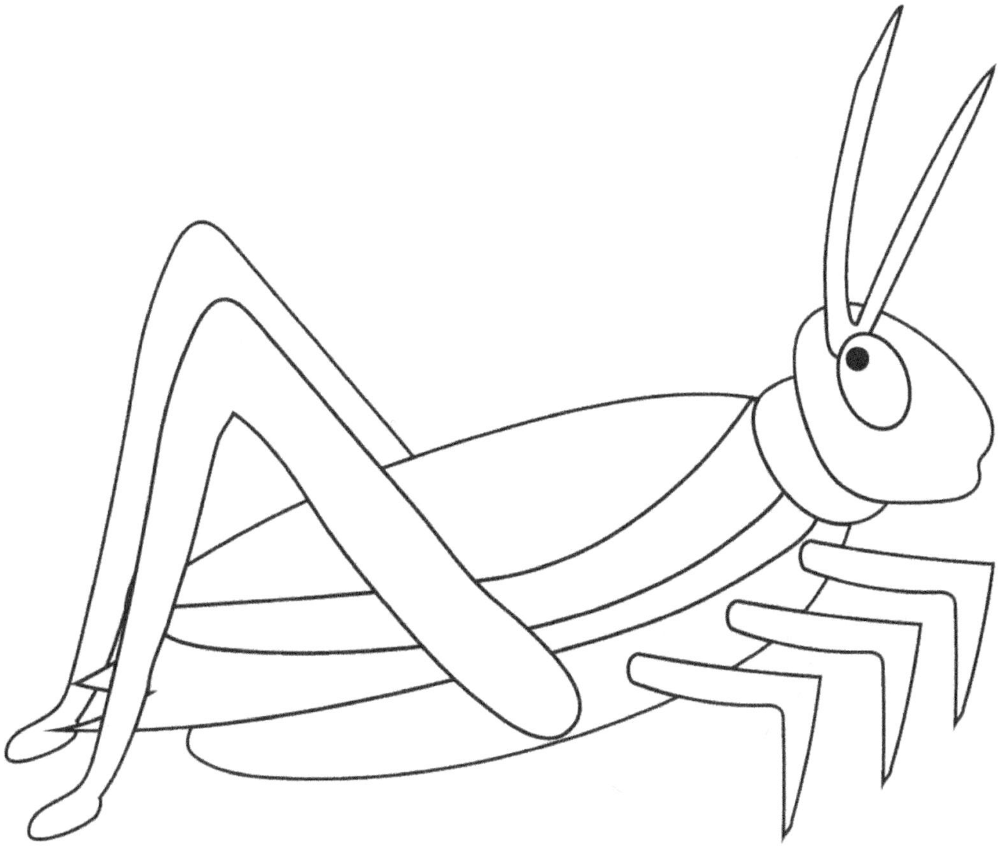

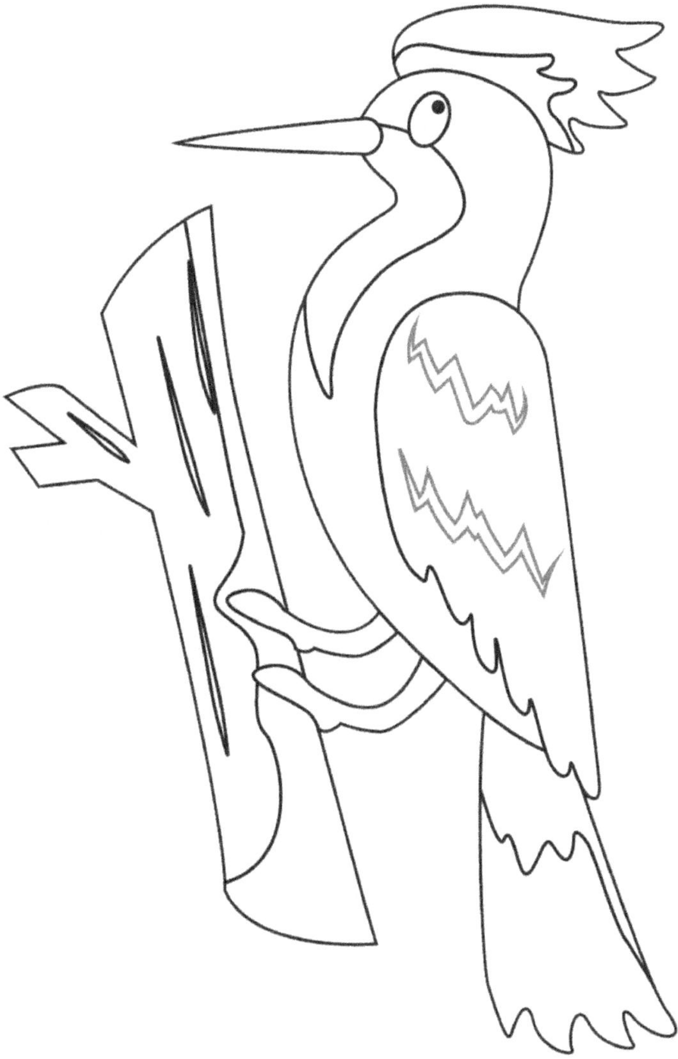

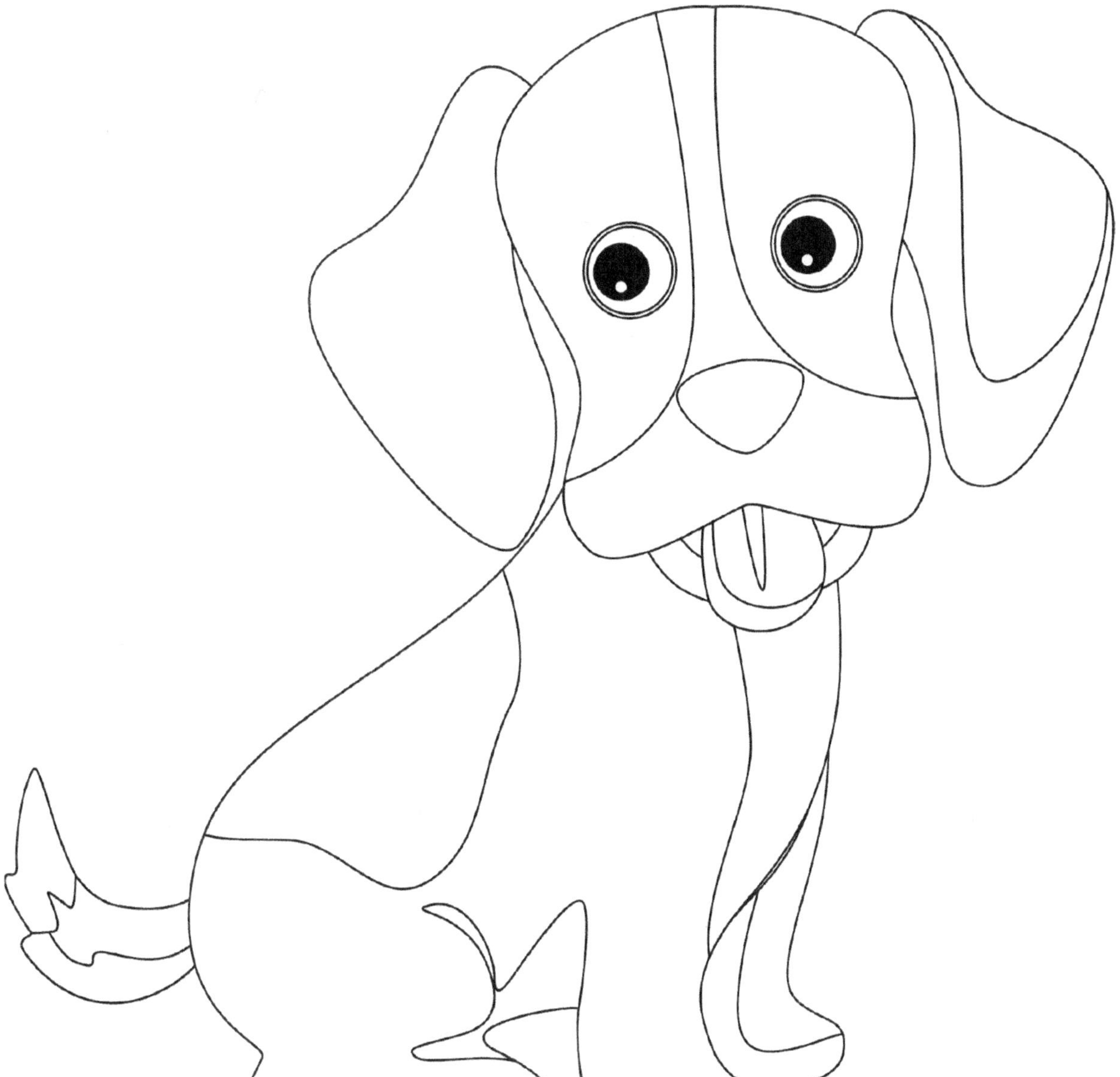

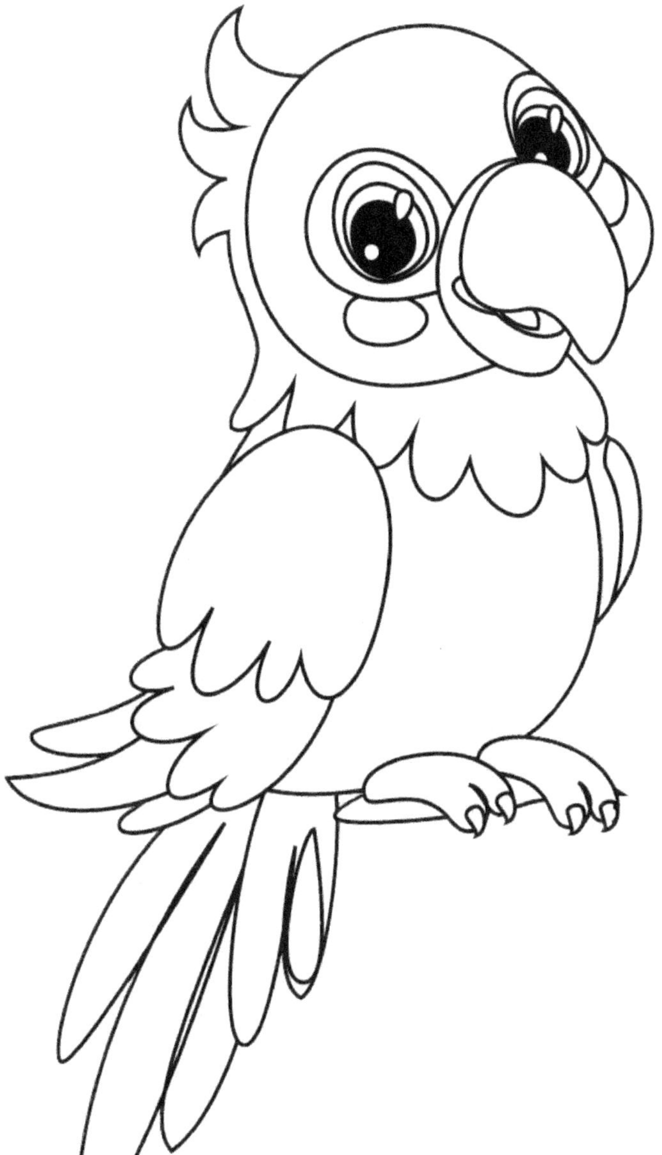

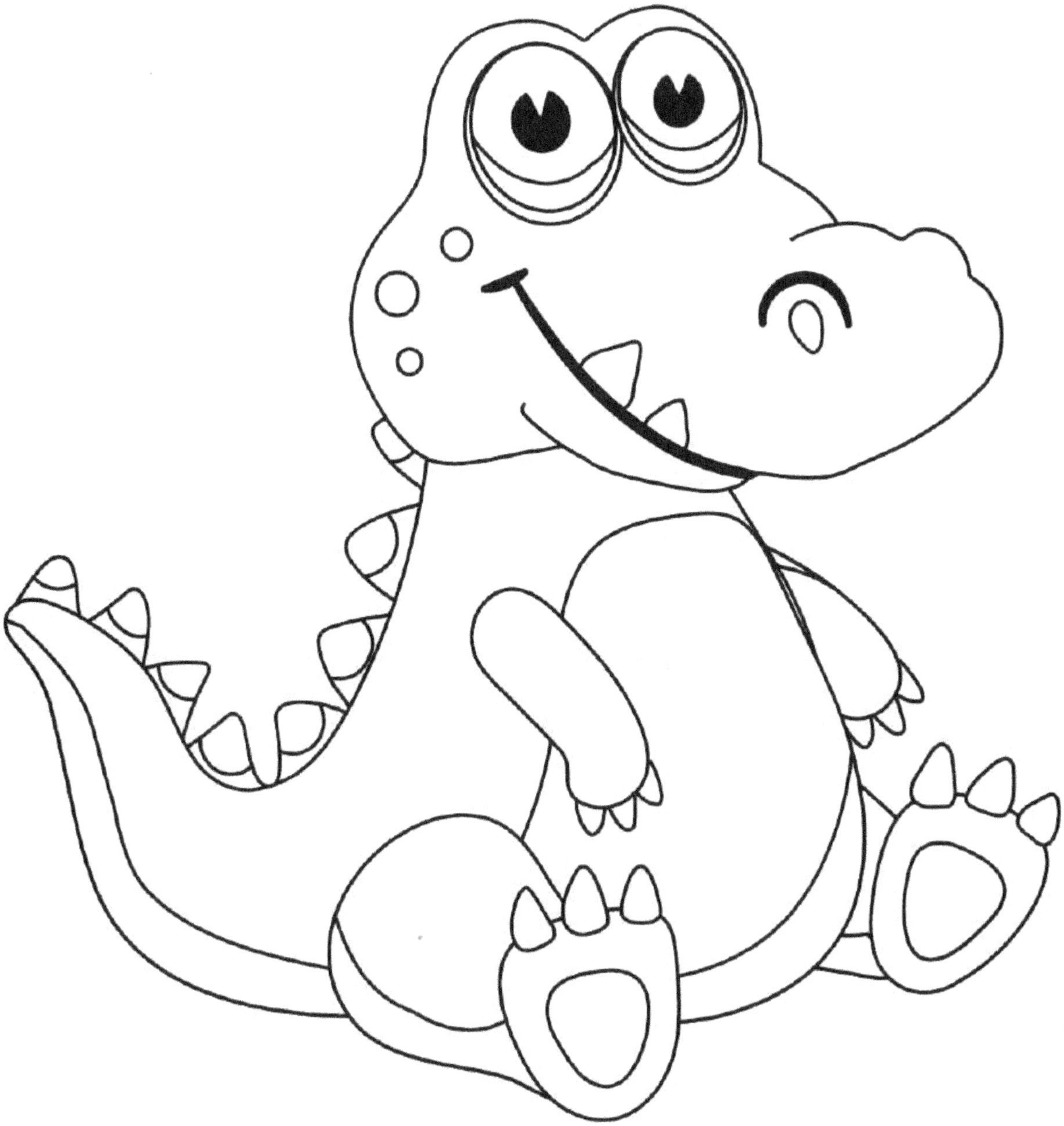

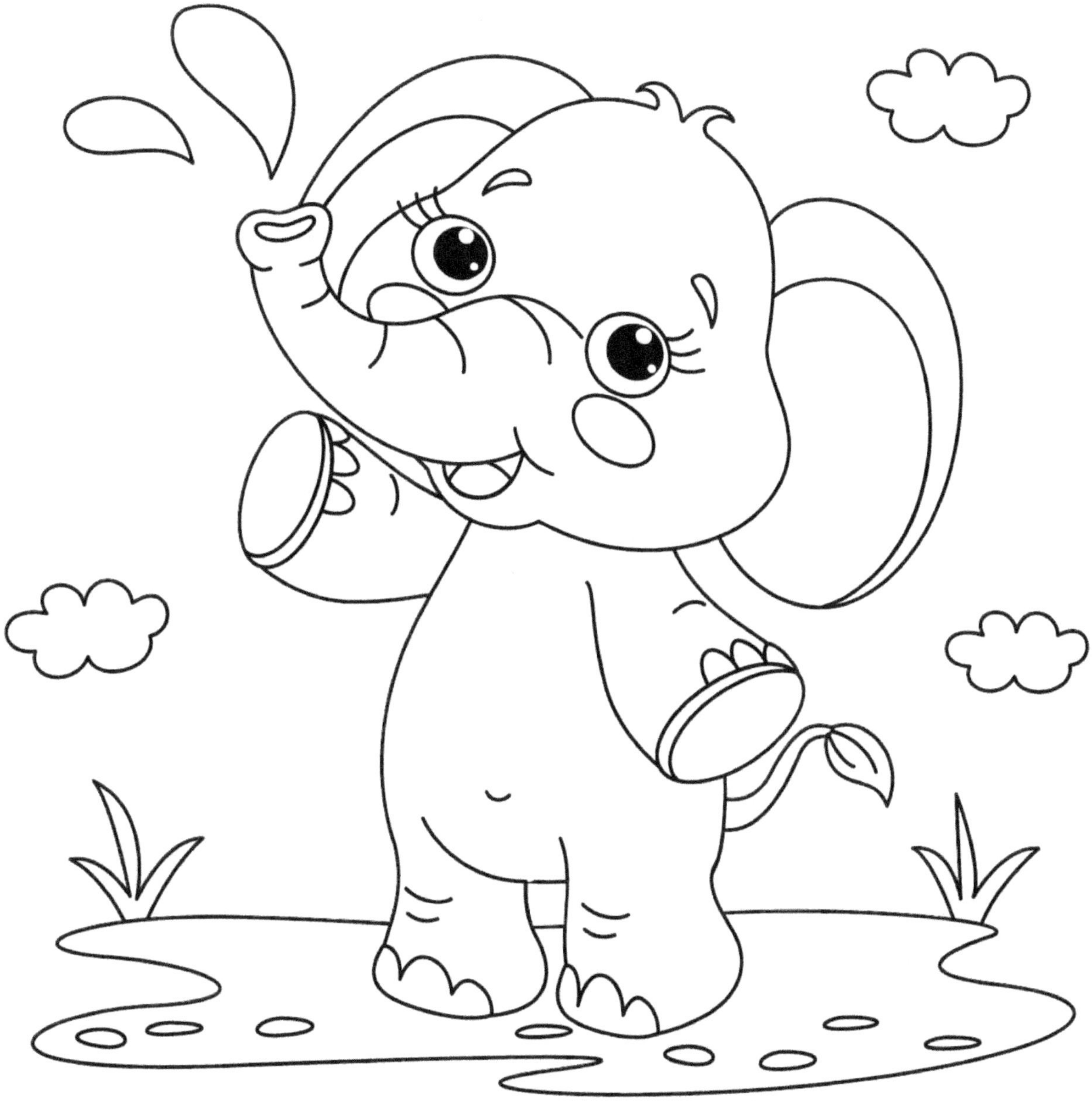

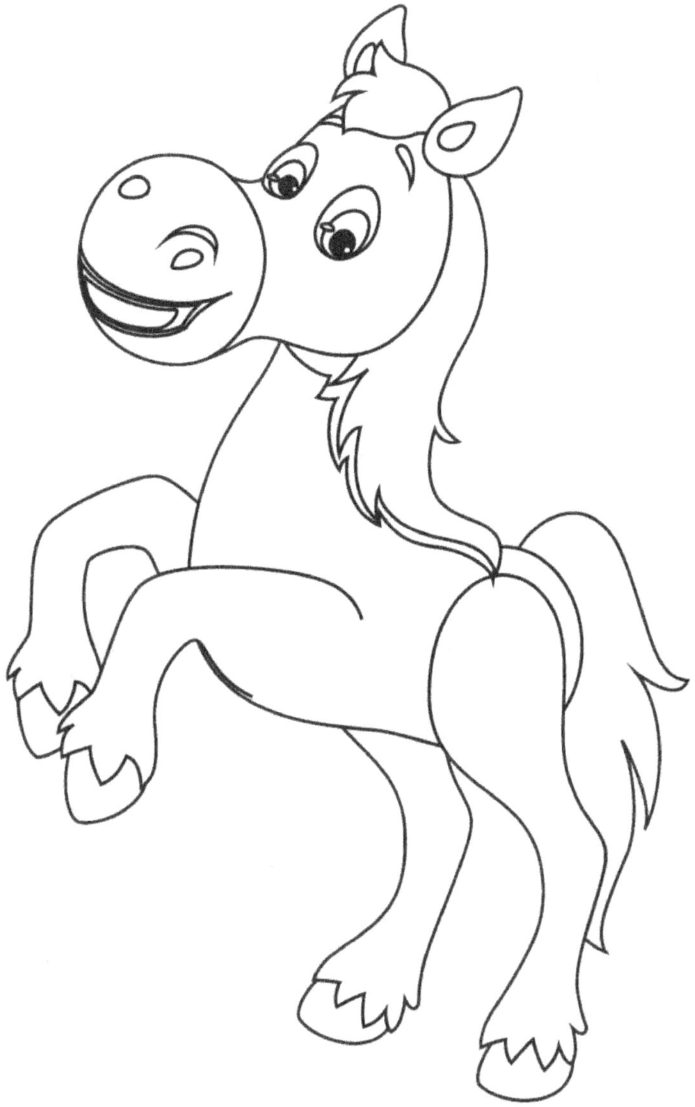

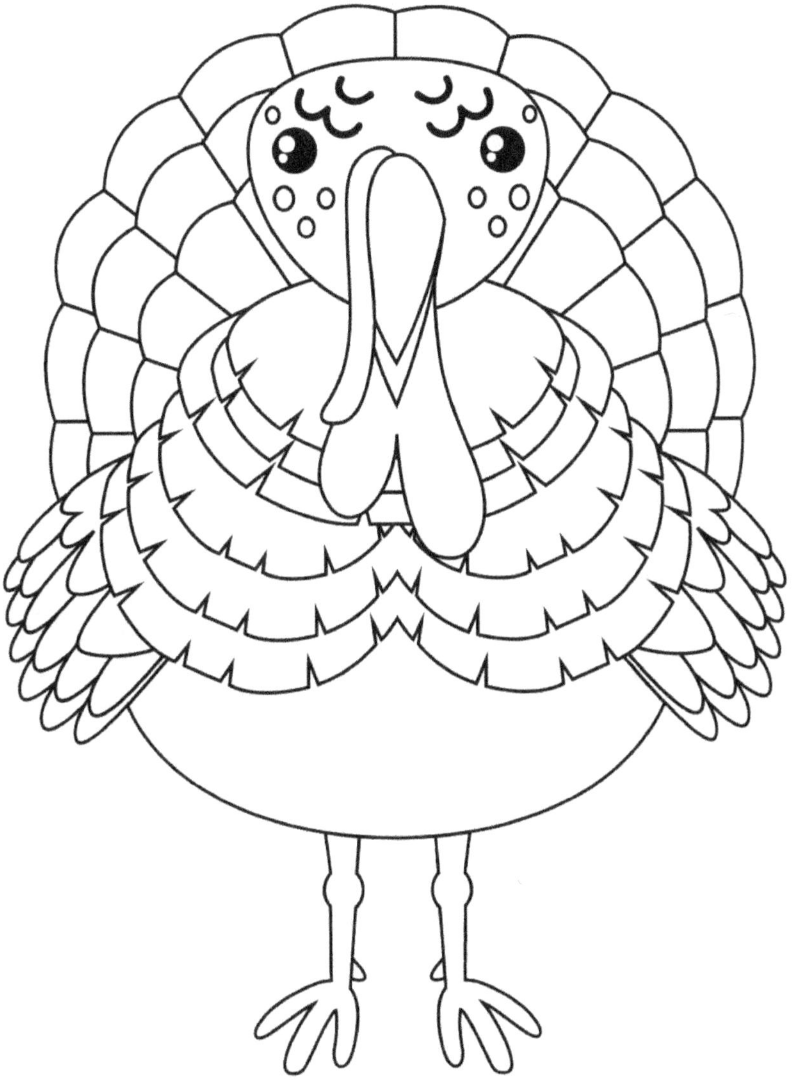

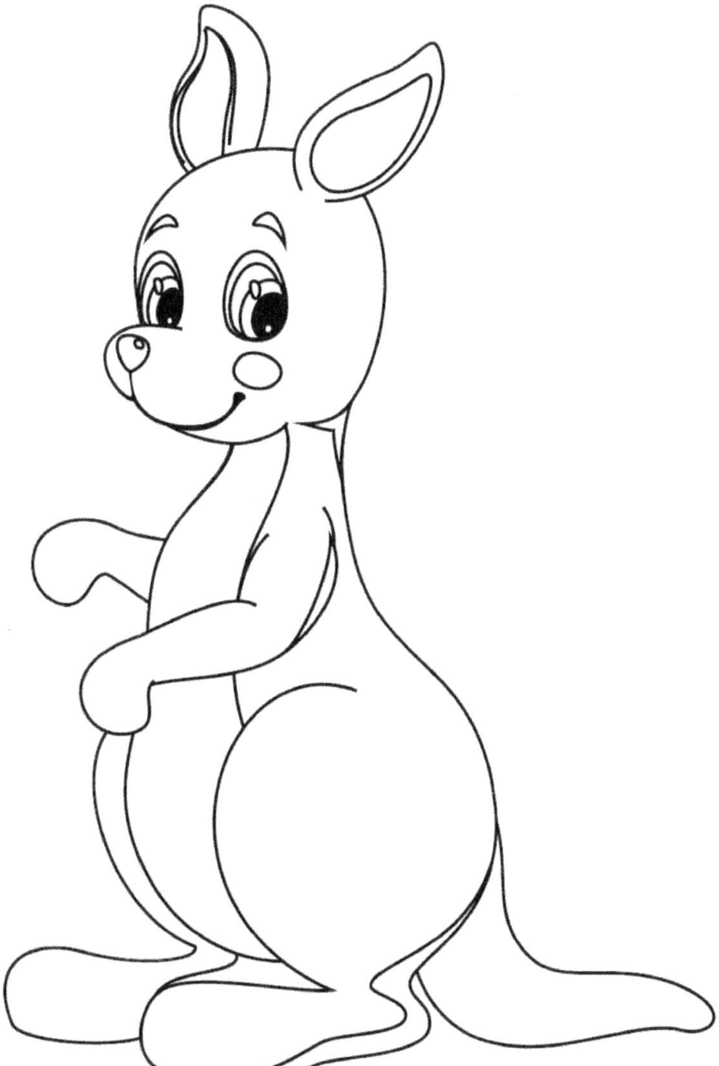

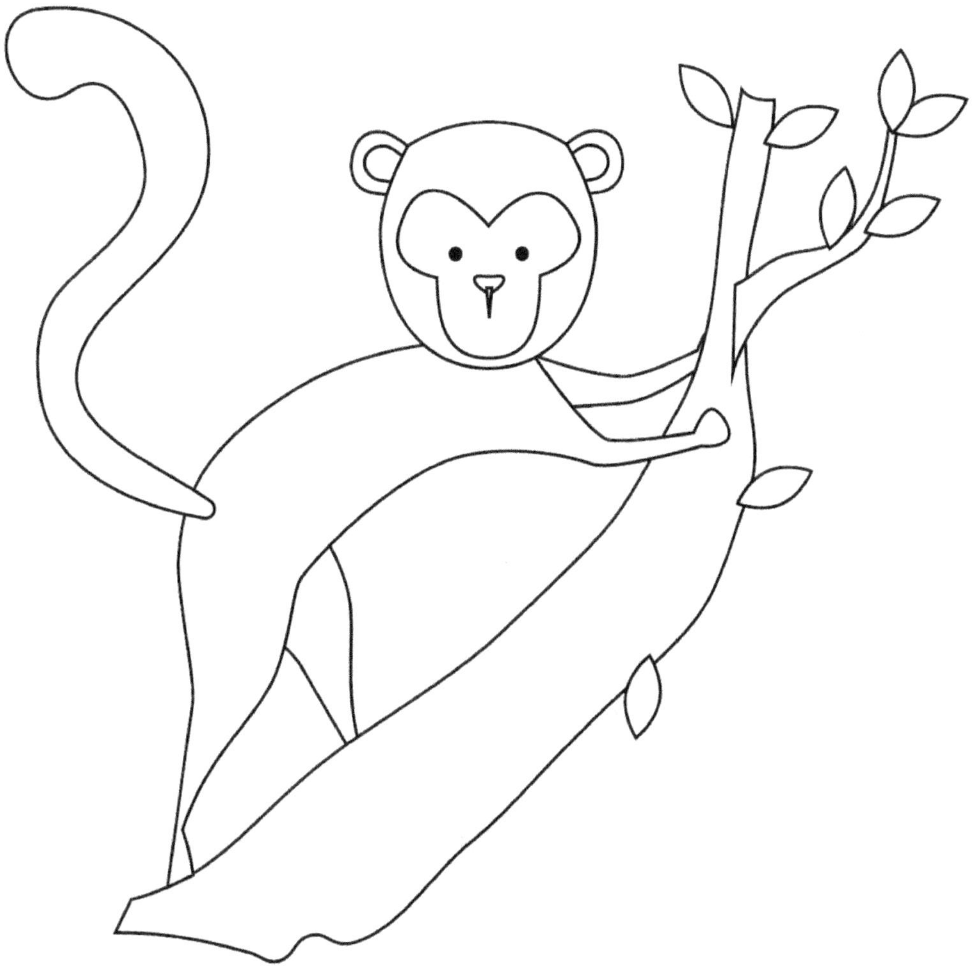

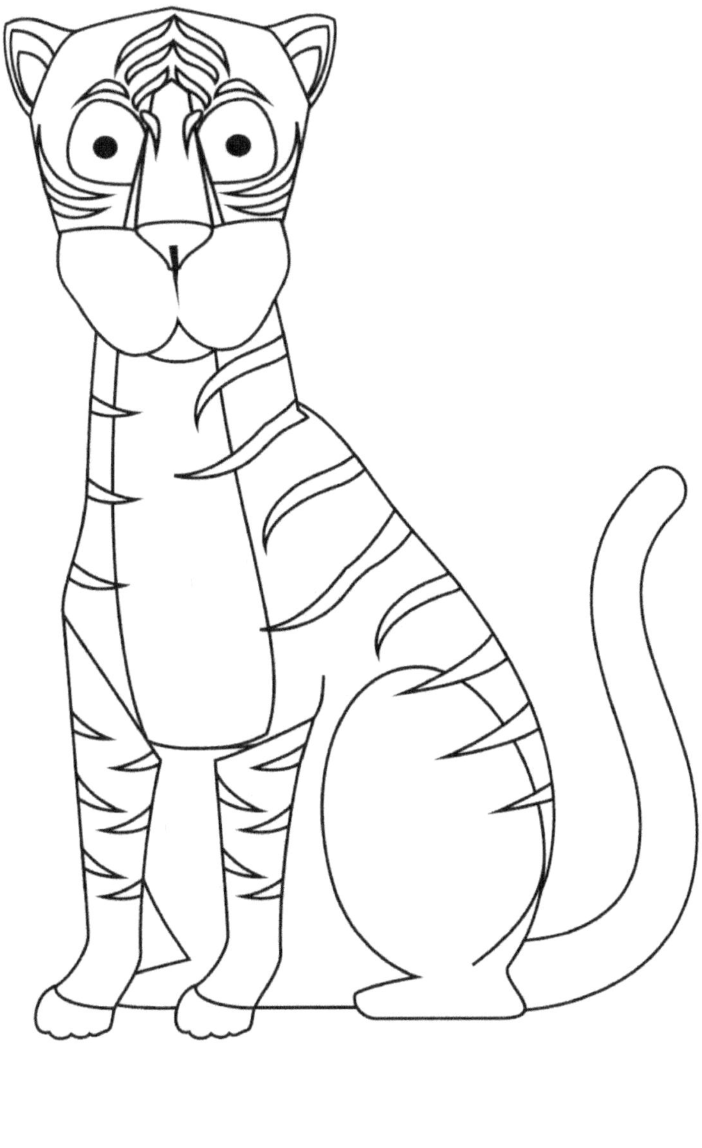

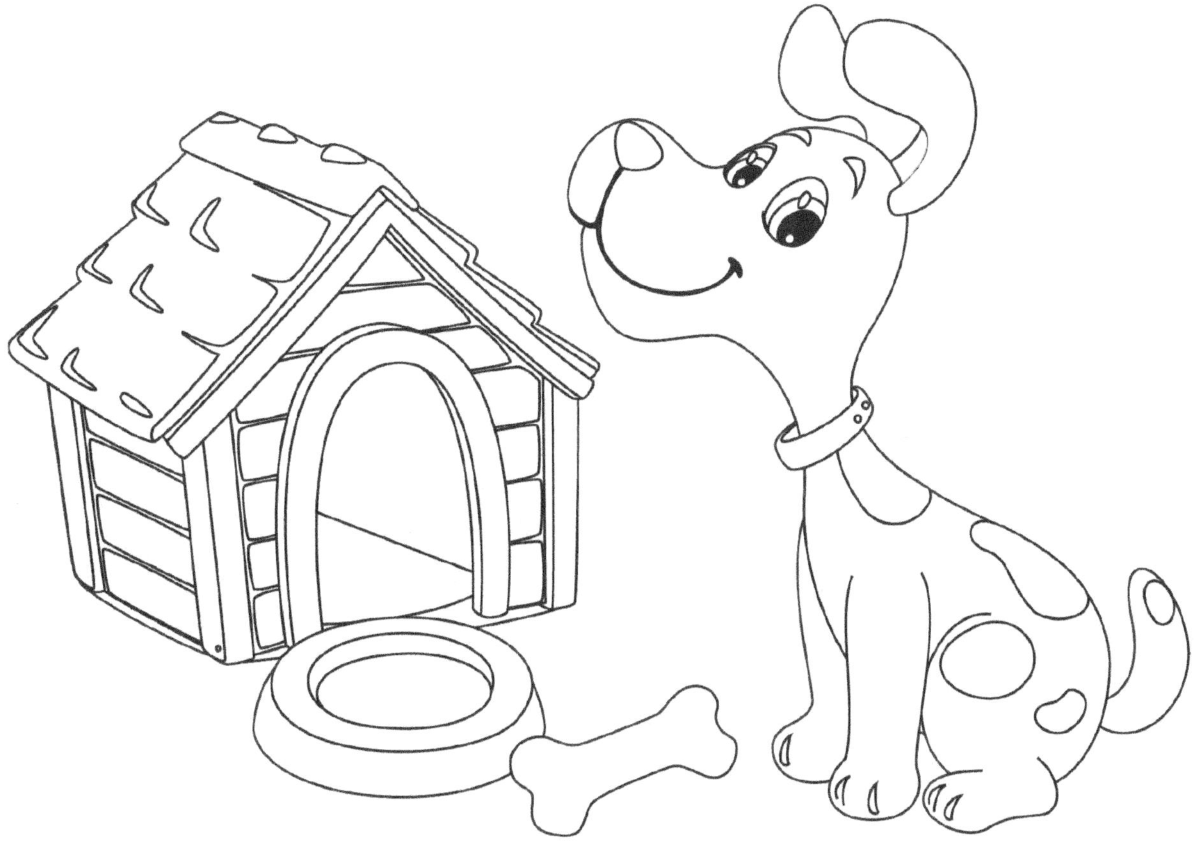

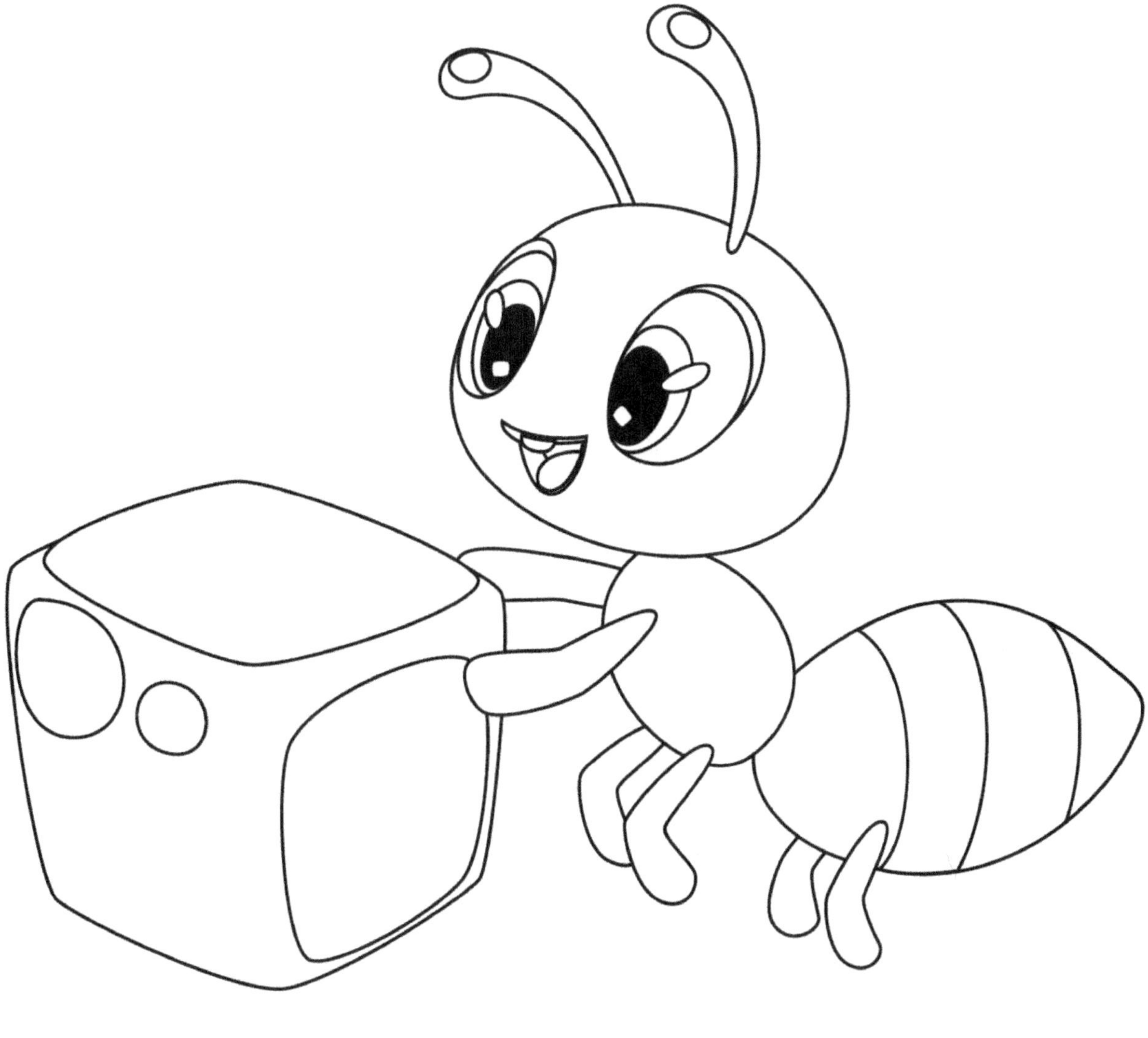

www.ingramcontent.com/pod-product-compliance
Lightning Source LLC
Chambersburg PA
CBHW062357220526
45472CB00008B/1845
* 9 7 9 8 6 8 1 9 9 3 8 2 7 *